Leitfaden

für die Anwendung

des

Invaliditäts- und Altersversicherungsgesetzes.

Eine Darstellung

des

Gesetzes-Inhalts

von

Dr. jur. Richard Freund

Magistrats-Assessor zu Berlin.

Separatabdruck
aus dem Kommentar zum Reichsgesetze, betr. die Invaliditäts- und Altersversicherung vom 22. Juni 1889.

Berlin 1890.

J. J. Heines Verlag.

Vorbemerkung.

Die vorliegende Darstellung ist als „Einleitung“ zu dem von dem Verfasser erläuterten Invaliditäts- und Altersversicherungsgesetz geschrieben worden; sie ist nicht „populär“ gehalten, sondern soll nur den Zweck haben, allen denjenigen, welche als Mitglieder von Behörden oder Organen der Versicherungsanstalten, oder als Arbeitgeber genöthigt sind, sich mit dem Inhalt des Gesetzes bekannt zu machen, die Möglichkeit zu geben, sich diese Kenntniß leicht und schnell zu verschaffen. Daneben wird die Darstellung auch wohl als Leitfaden bei der praktischen Handhabung des Gesetzes dienen können.

Berlin, im September 1889.

Der Verfasser.

Die Invaliditäts- und Altersversicherung ist bereits in der Allerhöchsten Botschaft vom 17. November 1881 mit den Worten angekündigt worden:

„Aber auch diejenigen, welche durch Alter und Invalidität erwerbsunfähig werden, haben der Gesammtheit gegenüber einen begründeten Anspruch auf ein höheres Maaß staatlicher Fürsorge, als ihnen bisher hat zu Theil werden können.

Dieser Ankündigung folgte sechs Jahre später der Beginn der Ausführung. Am 17. November 1887 wurden „Grundzüge" für die Invaliditäts- und Altersversicherung nebst einer Denkschrift veröffentlicht. Es sollte dadurch den interessirten Kreisen Gelegenheit zur Aeußerung über die beabsichtigten Maßnahmen gegeben werden. Der Erfolg blieb nicht aus. Es zeigte sich für die Publikation ein ganz ungewöhnliches Interesse in allen Schichten der Bevölkerung und zahllos waren die Besprechungen in der Tagespresse, der Literatur, die Verhandlungen in Vereinen und öffentlichen Versammlungen.

Hierauf wurde ein förmlicher Gesetzentwurf aufgestellt, welcher im April 1888 verfassungsmäßig dem Bundesrath zuging. Dieser Gesetzentwurf wurde nach Durchberathung vom zuständigen Ausschusse des Bundesraths nochmals der öffentlichen Kontrole unterbreitet. Als wichtigste Aenderung gegenüber den Grundzügen ist hervorzuheben, daß in der Organisation der Versicherung das berufsgenossenschaftliche Princip — die Versicherung in Invaliden-Versicherungsanstalten, welche in jeder Berufsgenossenschaft errichtet werden sollten — fallen gelassen und dafür das territoriale Princip — die Versicherung durch Anstalten, welche für bestimmte Bezirke ohne Rücksicht auf den Beruf der Versicherten errichtet werden — angenommen wurde.

Im Dezember 1888 ging endlich der vom Bundesrath angenommene Entwurf dem Reichstage zu. Nach der ersten Lesung im Plenum wurde der Entwurf einer besonderen Kommission von 28 Mitgliedern überwiesen. Durch die Beschlüsse der Kommission erfuhr der Entwurf sehr zahlreiche und zum Theil sehr wichtige Abänderungen. Am 24. Mai 1889 wurde das Gesetz vom Reichstage angenommen und am 22. Juni 1889 im Reichsgesetzblatt S. 97 verkündet.

Die folgende Darstellung hat es sich zur Aufgabe gemacht, den Inhalt des Gesetzes, unter möglichster Anlehnung an den Wortlaut der einzelnen Gesetzes-Bestimmungen, in übersichtlicher Form wiederzugeben. In den Text der Darstellung sind nur die wichtigsten Bestimmungen aufgenommen, während der übrige Inhalt des Gesetzes in die Form von Anmerkungen gebracht ist. Wem es also zunächst nur darum zu thun ist, sich möglichst schnell mit dem wesentlichen Inhalt des Gesetzes bekannt zu machen, wird gut thun auch zunächst nur den Text ohne Berücksichtigung der Anmerkungen zu lesen.

Umfang der Versicherung.

Die nach dem vorliegenden Gesetz[1]) versicherten Personen[2]) zerfallen in drei Gruppen:

1. versicherungspflichtige Personen und zwar
   a. auf Grund des Gesetzes
   b. auf Grund des Beschlusses des Bundesraths
2. selbst versicherte Personen
3. aus einem Versicherungsverhältniß ausgeschiedene und die Versicherung freiwillig fortsetzende Personen.

---

1) Diejenigen Vorschriften des Gesetzes, welche sich auf die Herstellung der zur Durchführnng der Invaliditäts- und Altersversicherung erforderlichen Einrichtungen beziehen, treten mit dem Tage der Verkündung des Gesetzes in Kraft.

Im Uebrigen wird der Zeitpunkt, mit welchem das Gesetz ganz oder theilweise in Kraft tritt, durch Kaiserliche Verordnung mit Zustimmung des Buudesraths bestimmt.

2) Den Arbeitgebern und ihren Angestellten ist untersagt, durch Uebereinkunft oder mittelst Arbeitsordnungen die Anwendung der Bestimmungen dieses Gesetzes zum Nachtheil der Versicherten ganz oder theilweise auszuschließen. Vertragsbestimmungen, welche diesem Verbote zuwiderlaufen, haben keine rechtliche Wirkung.

Arbeitgeber oder deren Angestellte, welche derartige Verträge geschlossen haben, werden, sofern nicht nach anderen gesetzlichen Vorschriften eine härtere Strafe eintritt, mit Geldstrafe bis zu dreihundert Mark oder mit Haft bestraft.

I. A. Auf Grund des Gesetzes versicherungspflichtig sind vom vollendeten sechszehnten Lebensjahre ab alle Personen, welche als Arbeiter, Gehülfen, Gesellen oder Lehrlinge gegen Lohn oder Gehalt beschäftigt werden, ebenso die Dienstboten. Ferner die Handlungsgehülfen und Lehrlinge (ausschließlich der in Apotheken beschäftigten Gehülfen und Lehrlinge), deren regelmäßiger Jahresarbeitsverdienst an Lohn oder Gehalt 2000 Mk. nicht übersteigt, und die gegen Lohn oder Gehalt beschäftigten Personen der Schiffsbesatzung deutscher Seefahrzeuge und von Fahrzeugen der Binnenschifffahrt. Betriebsbeamte sind nur dann versicherungspflichtig, wenn ihr regelmäßiger Jahresarbeitsverdienst an Gehalt oder Lohn die Summe von 2000 Mk. nicht übersteigt.

Vorübergehend beschäftigte Personen sind grundsätzlich versicherungspflichtig; doch bestimmt der Bundesrath, inwieweit vorübergehende Dienstleistungen als Beschäftigung im Sinne dieses Gesetzes nicht anzusehen sind.

Als Lohn oder Gehalt gelten auch Tantièmen und Naturalbezüge; doch begründet eine Beschäftigung, für welche nur freier Unterhalt gewährt wird, die Versicherungspflicht nicht.

Der Versicherungspflicht unterliegen nicht:

a. Beamte des Reichs und der Bundesstaaten,

b. mit Pensionsberechtigung angestellte Beamte von Kommunalverbänden.[1])

c. Personen, welche in Folge ihres körperlichen oder geistigen Zustandes dauernd nicht mehr im Stande sind, ein gewisses Lohn-Minimum[2]) zu verdienen, welche also bereits invalide sind.

d. Personen, welche auf Grund dieses Gesetzes eine Invalidenrente beziehen.

---

1) Durch Beschluß des Bundesraths kann auf Antrag bestimmt werden, daß und inwieweit auch Beamte, welche von andern öffentlichen Verbänden oder Körperschaften (z. B. Deichverbänden) mit Pensionsberechtigung angestellt sind, der Versicherungspflicht nicht unterliegen.

2) D. i. ein Drittel der für ihren Beschäftigungsort nach § 8 des Krankenversicherungsgesetzes vom 15. Juni 1883 festgesetzten Tagelohnes gewöhnlicher Tagearbeiter.

Auf ihren Antrag[1]) sind ferner von der Versicherungspflicht zu befreien:

a. Personen, welche vom Reich, einem Bundesstaate oder einem Kommunalverbande Pensionen oder Wartegelder wenigstens im Mindestbetrage der Invalidenrente[2]) beziehen,

b. Personen, welchen auf Grund der reichsgesetzlichen Bestimmungen über Unfallversicherung eine Rente von mindestens demselben Betrage[2]) zusteht.

B. Durch Beschluß des Bundesraths kann die Versicherungspflicht erstreckt werden,

a. auf Betriebsunternehmer, welche nicht regelmäßig wenigstens einen Lohnarbeiter beschäftigen,

b. auf die Hausgewerbetreibenden[3]) ohne Rücksicht auf die Zahl der von ihnen beschäftigten Lohnarbeiter.

Die Erstreckung der Versicherungspflicht erfolgt für bestimmte Berufszweige.

II. Zur Selbstversicherung berechtigt sind die unter B genannten Personen, soweit auf sie durch Beschluß des Bundesraths die Versicherungspflicht nicht erstreckt ist, unter der doppelten Voraussetzung, daß sie:

a. das vierzigste Lebensjahr noch nicht vollendet haben und

b. nicht bereits dauernd erwerbsunfähig sind (vgl. unter I A.)

Die Selbstversicherung kann nur in Lohnklasse II (vgl. S. 22) erfolgen.

III. Zur freiwilligen Fortsetzung bezw. Erneuerung der Versicherung sind diejenigen Personen berechtigt, welche aus dem Versicherungsverhältnisse d. h. aus einem pflichtigen oder Selbst-Versicherungsverhältnisse ausscheiden.

---

1) Ueber den Antrag entscheidet die untere Verwaltungsbehörde des Beschäftigungsorts. Gegen den Bescheid derselben ist die Beschwerde an die zunächst vorgesetzte Behörde zulässig, welche endgültig entscheidet.

2) D. i. 114,70 Mk.

3) D. s. solche selbstständige Gewerbetreibende, welche in eigenen Betriebsstätten im Auftrage und für Rechnung anderer Gewerbetreibenden mit der Herstellung oder Bearbeitung gewerblicher Erzeugnisse beschäftigt werden. Die Erstreckung der Versicherungspflicht begreift die Hausgewerbetreibenden auch dann, wenn sie die Roh- und Hülfsstoffe selbst beschaffen und auch für die Zeit, während welcher sie vorübergehend für eigene Rechnung arbeiten.

Die freiwillige Fortsetzung bezw. Erneuerung des Versicherungsverhältnisses kann nur in Lohnklasse II (vgl. S. 22) erfolgen.

Organisation.

I. Die Versicherung erfolgt durch Versicherungsanstalten. Die Versicherungsanstalten werden durch die Landesregierungen unter Genehmigung des Bundesraths gebildet und zwar für das Gebiet eines weiteren Kommunalverbandes[1]) (Provinz in Preußen, Regierungsbezirk in Bayern) oder eines Bundesstaats. Auch kann für mehrere weitere Kommunalverbände sowie für mehrere Bundesstaaten oder Gebietstheile derselben eine gemeinsame Versicherungsanstalt errichtet werden.

Veränderungen der Bezirke der Versicherungsanstalten sind zulässig, sofern sie von dem Ausschuß (s. S. 11) einer betheiligten Versicherungsanstalt oder von der Regierung eines Bundesstaats, über dessen Gebiet sich die Versicherungsanstalt erstreckt, oder von den Vertretungen weiterer Kommunalverbände für deren Bezirke die Versicherungsanstalten errichtet sind, beantragt und vom Bundesrath genehmigt werden.

Die durch die erste Einrichtung der Versicherungsanstalt entstehenden Kosten sind von dem Kommunalverbande oder dem Bundesstaat, für welchen sie errichtet wird, vorzuschießen; die geleisteten Vorschüsse sind aus dem zunächst eingehenden Versicherungsbeiträgen zu erstatten.

In der Versicherungsanstalt sind alle diejenigen Personen versichert, die in einem Betriebe beschäftigt werden, dessen Sitz sich im Bezirke der Versicherungsanstalt befindet.[2])

Der Sitz der Versicherungsanstalt wird durch die Landesregierung, bei einer für mehrere Bundesstaaten errichteten gemeinsamen Versicherungsanstalt eventuell durch den Bundesrath bestimmt. —

Die Versicherungsanstalt hat juristische Persönlichkeit, sie kann unter ihrem Namen Rechte erwerben und Verbindlichkeiten eingehen, vor Gericht klagen und verklagt werden.

1) Welche Verbände als weitere Kommunalverbände anzusehen sind, bestimmen die Zentralbehörden der Bundesstaaten.

2) Seeleute (§ 1 Absatz 1 Ziffer 1 des Gesetzes vom 13. Juli 1887 R.-G.-Bl. S. 329) sind bei derjenigen Versicherungsanstalt zu versichern, in deren Bezirke sich der Heimathshafen des Schiffes befindet.

Organe der Versicherungsanstalt sind:

Der Vorstand.

Der Ausschuß.

Der Aufsichtsrath.

Die Vertrauensmänner.

Die mit der Einziehung der Beiträge beauftragten Krankenkassen u. s. w.

A. Der Vorstand besteht aus einem oder mehreren Beamten des weiteren Kommunalverbandes oder Bundesstaats, für welchen die Versicherungsanstalt errichtet ist. Die Beamten werden von dem Kommunalverbande bezw. von der Landesregierung bestellt[1]); die Bezüge derselben und ihrer Hinterbliebenen sind von der Versicherungsanstalt zu vergüten. Durch das Statut kann bestimmt werden, daß neben den Beamten dem Vorstande noch andere, besoldete oder unbesoldete Personen angehören sollen. Die Anstellungsbedingungen dieser besoldeten Personen hat der Ausschuß, oder nach Bestimmung des Statuts der Aufsichtsrath festzusetzen.

Der Vorstand hat die Eigenschaft einer öffentlichen Behörde[2]), er vertritt die Versicherungsanstalt gerichtlich und außergerichtlich und verwaltet dieselbe, soweit nicht einzelne Angelegenheiten durch Gesetz oder Statut dem Ausschusse oder anderen Organen übertragen sind. Dem Vorstande liegt insbesondere ob die Feststellung der Renten.

1) Bei gemeinsamen Versicherungsanstalten sind für die Bestellung der Beamten die am Sitze der Versicherungsanstalt geltenden Vorschriften maßgebend; erstreckt sich der Bezirk der Versicherungsanstalt über mehrere Bundesstaaten, so entscheidet über die Bestellung der Beamten, falls ein Einverständniß unter den betheiligten Landesregierungen nicht erzielt wird, der Bundesrath.

2) Die öffentlichen Behörden sind verpflichtet, den im Vollzuge dieses Gesetzes an sie ergehenden Ersuchen des Reichs-Versicherungsamts, der Landes-Versicherungsämter (s. Seite 16), anderer öffentlicher Behörden, der Schiedsgerichte (s. Seite 17) sowie der Vorstände und Organe der Versicherungsanstalten zu entsprechen und den bezeichneten Vorständen auch unaufgefordert alle Mittheilungen zukommen zu lassen, welche für den Geschäftsbetrieb der Versicherungsanstalten von Wichtigkeit sind. Die gleiche Verpflichtung liegt den Organen der Berufsgenossenschaften und der Krankenkassen ob.

Die durch die Erfüllung dieser Verpflichtungen entstehenden Kosten sind von den Versicherungsanstalten als eigene Verwaltungskosten insoweit zu erstatten, als sie in Tagegeldern und Reisekosten von Beamten oder von Organen der Versicherungsanstalten, Berufsgenossenschaften und Krankenkassen, sowie in Gebühren ür Zeugen und Sachverständige oder in sonstigen baaren Auslagen bestehen.

Auf die zugelassenen Kasseneinrichtungen (s. S. 18) finden diese Bestimmungen, soweit es sich um die auf Grund ihrer Zulassung ihnen obliegenden Aufgaben handelt, entsprechende Anwendung.

Die unbesoldeten Mitglieder des Vorstandes verwalten ihr Amt als Ehrenamt[1]) und erhalten nach den durch das Statut zu bestimmenden Sätzen nur Ersatz für baare Auslagen, die Vertreter der Versicherten[2]) außerdem Ersatz für entgangenen Arbeitsverdienst.

Die Mitglieder des Vorstandes haften der Versicherungsanstalt für getreue Geschäftsverwaltung, wie Vormünder ihren Mündeln; handeln sie absichtlich zum Nachtheile der Versicherungsanstalt, so unterliegen sie der Strafbestimmung des § 266 des Strafgesetzbuches.

Die Mitglieder des Vorstandes können vom Reichsversicherungsamt zur Befolgung der gesetzlichen und statutarischen Vorschriften durch Geldstrafen bis zu eintausend Mark angehalten werden.

B. Der Ausschuß, welcher für jede Versicherungsanstalt gebildet wird, besteht aus einer gleichen Anzahl von Vertretern der Arbeitgeber und Versicherten, mindestens aber aus je fünf Vertretern. Die Zahl der Vertreter wird durch das Statut und bis zur Genehmigung des Statuts durch die Landeszentralbehörde bestimmt.

---

1) Wahlen zu solchen Stellen, welche als Ehrenamt anzusehen sind, können von den Arbeitgebern der nach Maßgabe dieses Gesetzes versicherten Personen und von bevollmächtigten Betriebsleitern solcher Arbeitgeber nur aus denselben Gründen abgelehnt werden, aus welchen die Ablehnung des Amtes eines Vormundes zulässig ist. Die Wahrnehmung eines auf Grund der Unfallversicherungsgesetze übertragenen Ehrenamts steht der Führung einer Vormundschaft gleich. Durch das Statut können die Ablehnungsgründe anders geregelt werden. Die bezeichneten Personen, welche eine Wahl ohne zulässigen Grund ablehnen, oder sich der Ausübung ihres Amtes ohne hinreichende Entschuldigung entziehen, werden, soweit besondere Bestimmungen nicht getroffen sind, vom Vorstande mit Geldstrafe bis zu 1000 Mk. belegt.

Die Wiederwahl kann für eine Wahlperiode abgelehnt werden.

2) Die Vertreter der Versicherten haben in jedem Falle, in welchem sie zur Wahrnehmung ihrer Obliegenheiten berufen werden, den Arbeitgeber hiervon in Kenntniß zu setzen, widrigenfalls ihnen die Entschädigungen versagt werden können. Die Nichtleistung der Arbeit während der Zeit, in welcher sie durch die Wahrnehmung jener Obliegenheiten an der Arbeit verhindert sind, berechtigt den Arbeitgeber nicht, das Arbeitsverhältniß vor dem Ablauf der vertragsmäßigen Dauer desselben aufzuheben.

Den Arbeitgebern und ihren Angestellten ist untersagt, durch Uebereinkunft oder mittelst Arbeitsordnungen die Versicherten in der Uebernahme oder Ausübung eines in Gemäßheit des Gesetzes ihnen übertragenen Ehrenamts zu beschränken. Durch derartige Vertragsbestimmungen, welche keine rechtliche Wirkung haben, machen sich die Arbeitgeber oder deren Angestellte straffällig.

Die Wahl der Vertreter[1]) erfolgt nach näherer Bestimmung einer Wahlordnung auf fünf Jahre, eines Theils durch die Vorstände der im Bezirke der Versicherungsanstalt vorhandenen Krankenkassen,[2]) anderen Theils — für die versicherungspflichtigen Personen, welche solchen Kassen nicht angehören — durch die Vertretungen der weiteren Kommunalverbände oder die Verwaltungen der Gemeindekrankenversicherung. Für jeden Vertreter sind ein erster und zweiter Ersatzmann zu wählen.

Ueber die Obliegenheiten und Befugnisse des Ausschusses hat das Statut Bestimmung zu treffen; bestimmte Angelegenheiten sind aber dem Ausschusse gesetzlich vorbehalten,[3]) so insbesondere die Prüfung der Jahresrechnung, und die Beschlußfassung über das Statut sowie über Abänderungen desselben. Ueber die Bestellung des Vorsitzenden des Ausschusses bestimmt gleichfalls das Statut; bis zur Genehmigung des Statuts führt den Vorsitz im Ausschusse der Vorsitzende des Vorstandes. Die Mitglieder des Ausschusses verwalten ihr Amt als Ehrenamt und in dieser Beziehung, sowie hinsichtlich der Haftung für getreue Geschäftsverwaltung und der Strafbefugniß des Reichsversicherungsamtes gelten dieselben Bestimmungen, wie für die Mitglieder des Vorstandes. (Vgl. oben S. 11.)

---

1) Wählbar zu Vertretern sind nur deutsche, männliche, großjährige, im Bezirke der Versicherungsanstalt wohnende Personen, welche sich im Besitze der bürgerlichen Ehrenrechte befinden und nicht durch richterliche Anordnung in der Verfügung über ihr Vermögen beschränkt sind. Wählbar zu Vertretern der Arbeitgeber sind nur die Arbeitgeber der nach Maßgabe dieses Gesetzes versicherten Personen und die bevollmächtigten Leiter ihrer Betriebe, zu Vertretern der Versicherten die auf Grund dieses Gesetzes versicherten Personen.

2) Orts-, Betriebs-, (Fabrik-), Bau- und Innungskrankenkassen, Knappschaftskassen, Seemannskassen und andere zur Wahrung von Interessen der Seeleute bestimmte, obrigkeitlich genehmigte Vereinigungen von Seeleuten. Soweit die Vorstände dieser Kassen und Vereinigungen aus Vertretern der Arbeitgeber und Arbeitnehmer zusammengesetzt sind, nehmen bei der Wahl die den Arbeitgebern angehörenden Mitglieder des Vorstandes nur an der Wahl der Vertreter der Arbeitgeber, die den Versicherten angehörenden Mitglieder des Vorstandes nur an der Wahl der Vertreter der Versicherten Theil.

Im Uebrigen gelten als Krankenkassen im Sinne des Gesetzes die Orts-, Betriebs-, (Fabriks-), Bau- und Innungskrankenkassen, die Knappschaftskassen, sowie die Gemeindekrankenversicherung und landesrechtliche Einrichtungen ähnlicher Art.

3) Vgl. § 55 des Gesetzes.

C. Die Bildung eines Aufsichtsraths ist fakultativ, sie kann durch das Statut angeordnet werden. Nur in dem Falle muß ein Aufsichtsrath gebildet werden, wenn dem Vorstande Vertreter der Arbeitgeber und Versicherten nicht angehören. (Vgl. oben S. 10.) Der Aufsichtsrath besteht aus einer gleichen Anzahl von Vertretern der Arbeitgeber und der Versicherten. Die Zahl der Vertreter wird durch das Statut bestimmt, ebenso die Art ihrer Bestellung.

Dem Aufsichtsrath liegt die Ueberwachung der Geschäftsführung des Vorstandes ob; im Uebrigen werden seine Obliegenheiten und Befugnisse durch das Statut bestimmt. Der Aufsichtsrath ist dem gleichen Institute der Aktiengesellschaften nachgebildet; so ist auch der Aufsichtsrath befugt, die Berufung des Ausschusses zu verlangen, sobald ihm dies im Interesse der Versicherungsanstalt erforderlich erscheint.

Die Mitglieder des Aufsichtsraths verwalten ihr Amt als Ehrenamt und in dieser Beziehung sowie hinsichtlich der Haftung für getreue Geschäftsverwaltung und der Strafbefugniß des Reichsversicherungsamtes gelten dieselben Bestimmungen, wie für die Mitglieder des Vorstandes. (Vgl. oben S. 11.)

D. Die Vertrauensmänner sind örtliche Organe der Versicherungsanstalt. Ihre Zahl ist nicht beschränkt. Die Vertrauensmänner werden bestellt aus dem Kreise der Arbeitgeber und der Versicherten; über die Art ihrer Bestellung trifft das Statut Bestimmung.

Die Obliegenheiten und Befugnisse der Vertrauensmänner werden durch das Statut geregelt; insbesondere werden sie bei der Rentenfeststellung mitwirken: sie müssen von der unteren Verwaltungsbehörde über die Invalidisirungs-Anträge gehört werden.

Die Vertrauensmänner verwalten ihr Amt als Ehrenamt und in dieser Beziehung, sowie hinsichtlich der Haftung für getreue Geschäftsverwaltung und der Strafbefugniß des Reichsversicherungsamts gelten dieselben Bestimmungen, wie für die Mitglieder des Vorstandes. (Vgl. oben S. 11.)

E. Bezüglich der mit der Einziehung der Beiträge beauftragten Krankenkassen vgl. S. 37.

So lange die Wahl der gesetzlichen Organe der Versicherungsanstalt nicht zu Stande kommt, oder solange diese

Organe die Erfüllung ihrer gesetzlichen oder statutarischen Obliegenheiten verweigern, hat der Vorsitzende des Vorstandes die letzteren auf Kosten der Versicherungsanstalt wahrzunehmen oder durch Beauftragte wahrnehmen zu lassen. —

Für jede Versicherungsanstalt ist ein Statut zu errichten. Dasselbe muß über gewisse vom Gesetz bezeichnete Angelegenheiten[1]) — so bezüglich des Ausschusses, des Aufsichtsrathes, der Vertrauensmänner (vgl. oben) — Bestimmung treffen. Das Statut, sowie Abänderungen desselben werden vom Ausschusse[2]) beschlossen und bedürfen der Genehmigung des Reichsversicherungsamtes; gegen die Versagung der Genehmigung findet die Beschwerde beim Bundesrath statt.[3])

---

1) 1. über die Zahl der Mitglieder, die Obliegenheiten und Befugnisse sowie die Berufung des Ausschusses, über die Bestellung des Vorsitzenden desselben und über die Art der Beschlußfassung;
2. für den Fall der Bestellung eines Aufsichtsraths über die Art seiner Bestellung, die Zahl seiner Mitglieder, seine Obliegenheiten und Befugnisse;
3. über die Art der Bestellung der Vertrauensmänner sowie über ihre Obliegenheiten und Befugnisse;
4. über die Form, in welcher der Vorstand seine Willenserklärungen kundzugeben und für die Versicherungsanstalt zu zeichnen hat, sowie für den Fall, daß dem Vorstande neben dem Beamten noch andere Personen angehören sollen, über die Art, in welcher die Beschlußfassung des Vorstandes und seine Vertretung nach außen erfolgen soll;
5. über die Vertretung der Versicherungsanstalt gegenüber dem Vorstande;
6. über die Zahl der Schiedsgerichtsbeisitzer;
7. über die Höhe der an die nichtbeamteten Vorstandsmitglieder und die Vertreter der Versicherten und Arbeitgeber zu gewährenden Vergütungen;
8. über die Aufstellung und Abnahme der Jahresrechnung, soweit hierüber nicht von der Landes-Zentralbehörde Bestimmungen getroffen werden;
9. über die Veröffentlichung der Rechnungsabschlüsse;
10. über die öffentlichen Blätter, durch welche Bekanntmachungen zu erfolgen haben;
11. über die Voraussetzungen einer Abänderung des Statuts.

2) Die Mitglieder des über das Statut berathenden Ausschusses erhalten für ihre Theilnahme an diesen Berathuugen besondere Vergütungen, welche von der Landeszentralbehörde zu bestimmen sind.

3) Wird innerhalb der gesetzlichen Frist (vier Wochen) Beschwerde nicht eingelegt oder wird die Versagung der Genehmigung des Statuts vom Bundesrath aufrecht erhalten, so hat das Reichsversicherungsamt innerhalb vier Wochen eine abermalige Beschlußfassung anzuordnen. Wird auch dem anderweit beschlossenen Statut die Genehmigung endgültig versagt, oder kommt ein Beschluß des Ausschusses über das Statut nicht zu Stande, so wird ein solches vom Reichsversicherungsamt erlassen.

Streitigkeiten, welche sich auf die Auslegung der Statuten beziehen, entscheidet, unbeschadet der Rechte Dritter, das Reichsversicherungsamt.

Verfügbare Gelder der Versicherungsanstalten sind nach Maßgabe der Bestimmungen des § 76 des Unfallversicherungsgesetzes verzinslich anzulegen.[1]) Doch kann der Kommunalverband bezw. die Zentralbehörde des Bundesstaats, für welchen die Versicherungsanstalt errichtet ist, die Anlage höchstens des vierten Theils des Vermögens der Versicherungsanstalt in beliebigen zinstragenden Papieren oder in Grundstücken widerruflich gestatten.

Jede Versicherungsanstalt hat einen Reservefonds zu bilden. Die Rücklagen zum Reservefonds sind für die erste Beitragsperiode (s. S. 21) so zu bemessen, daß am Schlusse derselben der Reservefonds eine gesetzlich bestimmte Höhe[2]) erreicht. Statutarisch kann der Reservefond auf das Doppelte des gesetzlichen Betrages festgesetzt werden. Der Reservefonds, sowie dessen Zinsen dürfen, so lange der erstere die vorgeschriebene Höhe nicht erreicht hat, nur in dringenden Bedarfsfällen und nur mit Genehmigung des Reichsversicherungsamts angegriffen werden.

Für die Verbindlichkeiten der Versicherungsanstalt haftet den Gläubigern zunächst das Anstaltsvermögen, subsidiär der Kommunalverband[3]) bezw. Bundesstaat, für welchen die Anstalt errichtet ist. Scheiden in Folge von Veränderungen der Bezirke der Versicherungsanstalten örtliche Bezirke aus der Versicherungsanstalt aus, so verbleibt der letzteren das bis zum Zeitpunkte des Ausscheidens angesammelte Vermögen, sowie die Verpflichtung zur Befriedigung aller Ansprüche, welche auf Verwendung von Beitragsmarken (vgl. S. 32) dieser Anstalt beruhen. Führt die Veränderung zur Auflösung der Anstalt, so geht das Vermögen mit allen Rechten und Pflichten auf den Kommunalverband bezw. Bundesstaat über, für welchen die Anstalt errichtet ist. Doch

1) Werthpapiere sind nach näherer Bestimmung der Zentralbehörde desjenigen Bundesstaats, in dessen Gebiet die Versicherungsanstalt ihren Sitz hat, bei einer zur Aufbewahrung von Geldern oder Werthpapieren befugten öffentlichen Behörde oder Kasse niederzulegen.

2) D. i. ein Fünftel des Capitalwerths der in dieser Periode der Versicherungsanstalt voraussichtlich zur Last fallenden Renten (s. S. 22).

3) Im Unvermögensfalle haftet der Bundesstaat.

kann auch eine andere Versicherungsanstalt mit Genehmigung der betheiligten Landesregierungen dieses Vermögen übernehmen.[1])

Die Versicherungsanstalt darf andere, als in diesem Gesetze ihr übertragene Geschäfte nicht übernehmen und ihr Vermögen darf für andere als in diesem Gesetze vorgesehene Zwecke nicht verwendet werden.

Die Art und Form der Rechnungsführung bei den Versicherungsanstalten wird durch das Reichsversicherungsamt geregelt.[2]) Die Einnahmen und Ausgaben der Anstalt sind gesondert zu verrechnen, ihre Bestände gesondert zu verwahren. Das Rechnungsjahr ist das Kalenderjahr. —

Die Aufsicht über die Versicherungsanstalten wird durch das Reichsversicherungsamt[3]) bezw. die Landesversicherungsämter[4]) geführt. Das Reichsversicherungsamt bezw. Landesversicherungsamt ist befugt, jederzeit eine Prüfung der Geschäftsführung der Versicherungsanstalten vorzunehmen; die Mitglieder der Vorstände und

---

1) Streitigkeiten, welche in Betreff der Vermögensauseinandersetzung zwischen den betheiligten Versicherungsanstalten entstehen, werden mangels Verständigung über eine schiedsrichterliche Entscheidung von dem Reichsversicherungsamt entschieden.

2) Die Versicherungsanstalten sind verpflichtet, dem Reichsversicherungsamt nach näherer Anweisung desselben und in den von ihm vorzuschreibenden Fristen Uebersichten über ihre Geschäfts- und Rechnungsergebnisse einzureichen.

3) Die Entscheidungen des Reichs-Versicherungsamts erfolgen in der Besetzung von mindestens zwei ständigen und zwei nichtständigen Mitgliedern, unter welchen sich je ein Vertreter der Arbeitgeber und der Versicherten befinden muß, und unter Zuziehung von mindestens einem richterlichen Beamten, wenn es sich handelt:

1. um die Entscheidung auf Revisionen gegen die Entscheidungen der Schiedsgerichte (s. S. 42),
2. um die Entscheidung vermögensrechtlicher Streitigkeiten bei Veränderungen des Bestandes der Versicherungsanstalten (s. Anm. 1).

Als Vertreter der Arbeitgeber und der Versicherten gelten auch für den Bereich dieses Gesetzes die auf Grund der Unfallsversicherungsgesetze zu nichtständigen Mitgliedern des Reichs-Versicherungsamts gewählten Vertreter der Betriebsunternehmer und der Arbeiter, ohne Beschränkung auf die Angelegenheiten ihres besonderen Berufszweiges.

Im Uebrigen werden die Formen des Verfahrens und der Geschäftsgang des Reichs-Versicherungsamts durch Kaiserliche Verordnung unter Zustimmung des Bundesraths geregelt.

4) Sofern für das Gebiet eines Bundesstaats ein Landesversicherungsamt errichtet ist und sofern der Bezirk der Versicherungsanstalt sich über das Gebiet dieses Bundesstaats nicht hinaus erstreckt.

Die Formen des Verfahrens und der Geschäftsgang bei dem Landesversicherungsamt werden durch die Landesregierung geregelt.

sonstigen Organe der Versicherungsanstalten sind zur Vorlegung ihrer Bücher, Beläge, Werthpapiere und Geldbestände, sowie ihrer auf den Inhalt der Bücher und der Festsetzung der Renten u. s. w. bezüglichen Schriftstücke verpflichtet.

Für den Bezirk einer jeden Versicherungsanstalt wird ein Staatskommissar bestellt. Die Bestellung erfolgt durch die Landesregierungen im Einvernehmen mit dem Reichskanzler. Der Staatskommissar hat bei der Versicherungsanstalt die Interessen der übrigen Versicherungsanstalten und des Reichs wahrzunehmen. Er ist insbesondere befugt, allen Verhandlungen der Organe der Versicherungsanstalt mit berathender Stimme und ohne dieselbe auch den Verhandlungen vor dem Schiedsgerichte (vgl. unten) beizuwohnen, selbständig Anträge zu stellen und Einsicht in die Akten zu nehmen. Zu diesem Zwecke ist ihm von den Verhandlungsgegenständen rechtzeitig Kenntniß zu geben. Der Staatskommissar kann auch gegen solche Entscheidungen der zuständigen Organe, durch welche die Erwerbsunfähigkeit eines Versicherten anerkannt oder eine Rente festgesetzt wird, selbständig die zulässigen Rechtsmittel einlegen. Zu diesem Zwecke ist dem Staatskommissar Abschrift eines jeden Bescheides, durch welchen die Rente festgestellt wird, sowie Abschrift einer jeden Entscheidung des Schiedsgerichts zuzustellen.

Der Bundesrath ist befugt, für die Kommissare Geschäftsanweisungen zu erlassen. —

Für den Bezirk jeder Versicherungsanstalt wird ein Schiedsgericht[1]) errichtet, welches in dem Verfahren über die Feststellung der Renten (vgl. S. 40) die Berufungsinstanz gegen die Entscheidung der Anstalts-Vorstände bildet. Das Schiedsgericht besteht aus einem ständigen Vorsitzenden,[2]) welcher aus der Zahl der öffentlichen Beamten von der Zentralbehörde des Bundesstaates, in welchem sich der Sitz der Versicherungsanstalt befindet, ernannt wird

1) Die Zahl und der Sitz der Schiedsgerichte werden von der Zentralbehörde des Bundesstaats, zu welchem der Bezirk der Versicherungsanstalt gehört oder, sofern der Bezirk über die Grenzen eines Bundesstaats hinausgeht, im Einvernehmen mit den betheiligten Zentralbehörden von dem Reichsversicherungsamt bestimmt.

2) Der Vorsitzende beruft das Schiedsgericht und leitet die Verhandlungen desselben. Der Vorsitzende, sowie sein Stellvertreter sind auf die gewissenhafte Erfüllung der Obliegenheiten ihres Amtes eidlich zu verpflichten; eine Vergütung darf ihnen von der Versicherungsanstalt nicht gewährt werden.

und aus Beisitzern,[1]) welche aus der Klasse der Arbeitgeber und der Versicherten in gleicher Anzahl auf fünf Jahre von dem Ausschusse der Versicherungsanstalt gewählt werden.[2]) Die Zahl der Beisitzer wird durch das Statut festgesetzt, mindestens müssen jedoch vier (zwei Arbeitgeber und zwei Versicherte) vorhanden sein. Die Entscheidung des Schiedsgerichts erfolgt in der Besetzung von nur drei Mitgliedern, unter denen sich ein Arbeitgeber und Versicherter befinden muß. Das Verfahren vor dem Schiedsgericht[3]) wird durch Kaiserliche Verordnung mit Zustimmung des Bundesraths geregelt.

II. Neben den Versicherungsanstalten kann die Versicherung auch erfolgen durch besondere Kasseneinrichtungen, welche bestehen oder errichtet werden können, für die in Betrieben des Reichs eines Bundesstaats oder eines Kommunalverbandes beschäftigten versicherungspflichtigen Personen und bei welchen folgende Voraussetzungen zutreffen:

1. Durch die Kasseneinrichtung muß den Versicherten eine den reichsgesetzlich vorgesehenen Leistungen gleichwerthige Fürsorge gesichert sein.
2. Die Kasseneinrichtungen müssen gewissen gesetzlich fixirten Bedingungen hinsichtlich der Höhe der Beiträge,[4]) der

---

1) Die Beisitzer verwalten ihr Amt als Ehrenamt und erhalten nach den durch das Statut zu bestimmenden Sätzen nur Ersatz für baare Auslagen, die Vertreter der Versicherten außerdem Ersatz für entgangenen Arbeitsverdienst. Die Festsetzung der den Beisitzern zu gewährenden Vergütungen und baaren Auslagen erfolgt durch den Vorsitzenden.

2) Personen, welche die Wahl ohne zulässigen Grund ablehnen oder sich der Ausübung ihres Amtes ohne hinreichende Entschuldigung entziehen, werden vom Vorsitzenden mit Geldstrafe bis zu 500 Mk. belegt. Kommt eine Wahl nicht zu Stande, oder verweigern die Gewählten ihre Dienstleistung, so hat, so lange und soweit dies der Fall ist, die untere Verwaltungsbehörde, in deren Bezirke der Sitz des Schiedsgerichts belegen ist, die Beisitzer aus der Zahl der Arbeitgeber bezw. Versicherten zu ernennen.

3) Die Kosten des Schiedsgerichts, sowie die Kosten des Verfahrens vor demselben trägt die Versicherungsanstalt. Das Schiedsgericht ist jedoch befugt, den Betheiligten solche Kosten des Verfahrens zur Last zu legen, welche durch unbegründete Beweisanträge derselben veranlaßt worden sind.

4) Die Beiträge der Versicherten dürfen, soweit sie für die Invaliditäts- und Altersversicherung in Höhe des reichsgesetzlichen Anspruchs entrichtet werden, die Hälfte des für den letzteren nach Maßgabe dieses Gesetzes (s. S. 21) zu erhebendeu Beitrags nicht übersteigen. Diese Bestimmung findet keine Anwendung, sofern in der betreffenden Kasseneinrichtung die Beiträge nach einem von der Berechnungsweise des Gesetzes abweichenden Verfahren aufgebracht und in Folge

Berechnung der Wartezeit und der Rente,[1]) sowie der Zulassung eines schiedsgerichtlichen Verfahrens über den Invaliditäts- und Altersrenten-Anspruch[2]) genügen.

3. Die Kasseneinrichtung muß auf Antrag der zuständigen Reichs-, Staats- oder Kommunalbehörde vom Bundesrath zugelassen sein.

Die Versicherung bei solchen Kasseneinrichtungen wird der Versicherung bei einer Versicherungsanstalt vom Inkrafttreten des Gesetzes ab völlig gleichgeachtet. Auf diese Kasseneinrichtungen erstreckt sich auch die Thätigkeit des Staatskommissars. (Vgl. oben Seite 17.)

Die Kasseneinrichtungen können sich wieder an die Versicherungsanstalt ihres Bezirks anschließen bezw. aus derselben ausscheiden. Auf das Verfahren hierbei und die Vermögensauseinandersetzung finden die für die Versicherungsanstalten geltenden Vorschriften (vgl. oben S. 9 u. 15) entsprechende Anwendung.

III. Durch Beschluß des Bundesraths können auch andere Kasseneinrichtungen (als die unter II. genannten), welche die Fürsorge für den Fall der Invalidität oder des Alters zum Gegenstande haben,[3]) unter denselben Bedingungen und mit derselben Wirkung, wie unter II. erwähnt, zur Versicherung zugelassen werden.

IV. Fabrikkassen, Knappschaftskassen, Seemannskassen und andere für gewerbliche, landwirthschaftliche oder ähnliche Unternehmungen bestehende Kasseneinrichtungen, welche ihren nach den Bestimmungen dieses Gesetzes versicherten Mitgliedern für den Fall des Alters oder der Erwerbsunfähigkeit Renten oder Kapitalien gewähren, sowie die zur Fürsorge für Invalidität und Alter bestehenden ortsstatutarischen Zwangs-Kassen sind berechtigt die von ihnen

---

dessen hohere Beiträge erforderlich werden, um die der Kasseneinrichtung aus Invaliden- und Altersrenten in Höhe des reichsgesetzlichen Anspruchs obliegenden Leistungen zu decken. Sofern hiernach höhere Beiträge zu erheben sind, dürfen die Beiträge der Versicherten diejenigen der Arbeitgeber nicht übersteigen.

1) Bei Berechnung der Wartezeit und der Rente ist den bei solchen Kasseneinrichtungen betheiligten Personen, soweit es sich um das Maß des reichsgesetzlichen Anspruchs handelt, die bei Versicherungsanstalten zurückgelegte Beitragszeit in Anrechnung zu bringen.

2) Ueber den Anspruch der einzelnen Betheiligten auf Gewährung von Invaliden- und Altersrente muß ein schiedsgerichtliches Verfahren unter Mitwirkung von Vertretern der Versicherten zugelassen sein.

3) z. B. Knappschaftskassen.

gewährten Unterstützungen für solche Personen, welche auf Grund dieses Gesetzes einen Anspruch auf Invaliden- oder Altersrenten haben,[1]) um den Werth der letzteren oder zu einem geringeren Betrage zu ermäßigen, sofern gleichzeitig die Beiträge der Betriebsunternehmer und Kassenmitglieder oder im Falle der Zustimmung der Betriebsunternehmer wenigstens diejenigen der Kassenmitglieder in entsprechendem Verhältnisse herabgemindert werden.[2])

Aufbringung der Mittel. (Beiträge.)

Die Mittel zur Gewährung der Invaliden- und Altersrenten, werden, abgesehen von dem festen Zuschusse, welchen das Reich zu jeder Rente leistet (Reichszuschuß, vgl. S. 25) durch Beiträge der Versicherten und Arbeitgeber aufgebracht. Die Beiträge sind für jede Kalenderwoche zu entrichten, in welcher der Versicherte in einem die Versicherungspflicht begründenden Arbeits- oder Dienstverhältniß gestanden hat (Beitragswoche). Versicherungspflichtigen Personen werden unter gewissen Voraussetzungen die Zeiten, während welcher sie krank[3]) gewesen sind oder militärische

---

1) Für Personen, welche aus Kassen der genannten Art Invaliden- oder Altersrenten beziehen, tritt ein Erlöschen des gesetzlichen Versicherungsverhältnisses durch Nichtzahlung von Beiträgen (s. S. 24) nicht ein.

2) Die hierzu erforderliche Abänderung der Statuten bedarf der Genehmigung der zuständigen Landesbehörde. Die letztere ist befugt eine entsprechende Abänderung der Statuten ihrerseits mit rechtsgültiger Wirkung vorzunehmen, sofern die zu den erwähnten Kasseneinrichtungen beitragenden Betriebsunternehmer, oder die Mehrheit der Kassenmitglieder die Abänderung beantragt haben, die letztere aber von den zuständigen Organen der Kasse abgelehnt worden ist.

Der Ermäßigung der Beiträge bedarf es nicht, sofern die durch die Herabminderung der Unterstützungen ersparten Beträge zu anderen Wohlfahrtseinrichtungen für Betriebsbeamte, Arbeiter oder deren Hinterbliebene verwendet werden sollen und diese anderweite Verwendung durch das Statut geregelt und von der Aufsichtsbehörde genehmigt wird oder soweit die Beiträge in der bisherigen Höhe erforderlich sind, um die der Kasse verbleibenden Leistungen zu decken.

3) Die betreffenden Personen müssen, nachdem sie nicht lediglich vorübergehend in ein die Versicherungspflicht begründendes Arbeits- oder Dienstverhältniß eingetreten waren, wegen bescheinigter mit Erwerbsunfähigkeit verbundener Krankheit für die Dauer von sieben oder mehr aufeinanderfolgenden Tagen verhindert gewesen sein, dieses Verhältniß fortzusetzen,

Die Dauer einer Krankheit ist nicht als Beitragszeit in Anrechnung zu bringen, wenn der Betheiligte sich die Krankheit vorsätzlich oder bei Begehung eines durch strafgerichtliches Urtheil festgestellten Verbrechens, durch schuldhafte Be-

Dienstleistungen[1]) verrichtet haben, als Beitragszeiten in Anrechnung gebracht, ohne daß thatsächlich Beiträge entrichtet sind.

Die Höhe der Beiträge wird für jede Versicherungsanstalt im Voraus auf bestimmte Zeiträume festgesetzt und zwar erstmalig für die Zeit bis zum Ablauf von zehn Jahren nach dem Inkrafttreten des Gesetzes, demnächst für je fünf weitere Jahre.

Für die erste Beitragsperiode (von 10 Jahren) ist die Höhe der Beiträge gesetzlich fixirt.[2]) Doch kann die Versicherungsanstalt auch schon für die erste Beitragsperiode oder innerhalb derselben andere Beiträge festsetzen. Für die ferneren Beitragsperioden (von 5 Jahren) muß der Ausschuß nach Anhörung des Vorstandes über die Höhe der Beiträge beschließen.[3]) Die Höhe der Beiträge

---

theiligung bei Schlägereien oder Raufhändeln, durch Trunkfälligkeit oder durch geschlechtliche Ausschweifungen zugezogen hat.

Bei Krankheiten, welche ununterbrochen länger als ein Jahr währen, kommt die über diesen Zeitraum hinausreichende Dauer der Krankheit als Beitragszeit nicht in Anrechnung.

Zum Nachweise einer Krankheit genügt die Bescheinigung des Vorstandes derjenigen Krankenkasse, bezw. derjenigen eingeschriebenen oder auf Grund landesrechtlicher Vorschriften errichteten Hülfskasse, welcher der Versicherte angehört hat, für diejenige Zeit aber, welche über die Dauer der von den betreffenden Kassen zu gewährenden Krankenunterstützung hinausreicht, sowie für diejenigen Personen, welche einer derartigen Kasse nicht angehört haben, die Bescheinigung der Gemeindebehörde. Die Kassenvorstände sind verpflichtet, diese Bescheinigungen auszustellen und können hierzu von der Aufsichtsbehörde durch Geldstrafe bis zu einhundert Mark angehalten werden.

Für die in Reichs- und Staatsbetrieben beschäftigten Personen können die vorstehend bezeichneten Bescheinigungen durch die vorgesetzte Dienstbehörde ausgestellt werden.

1) Die betreffenden Personen müssen, nachdem sie nicht lediglich vorübergehend in ein die Versicherungspflicht begründendes Arbeits- oder Dienstverhältniß eingetreten waren, behufs Erfüllung der Wehrpflicht in Friedens-, Mobilmachungs- oder Kriegszeiten zum Heer oder zur Marine eingezogen gewesen sein, oder in Mobilmachungs- oder Kriegszeiten freiwillig militärische Dienstleistungen verrichtet haben.

Der Nachweis geleisteter Militärdienste erfolgt durch Vorlegung der Militärpapiere.

2) Als Beiträge sind zu erheben:

in Lohnklasse	I	14	Pf.
„ „	II	20	„
„ „	III	24	„
„ „	IV	30	„

Ueber Lohnklassen vgl. folgende Seite.

3) Der Beschluß bedarf der Genehmigung des Reichs-Versicherungsamts. Ist die Beitragsperiode bis auf einen Monat abgelaufen, ohne daß ein von dem Reichs-Versicherungsamt genehmigter Beschluß vorliegt, so hat das Reichsversicherungsamt die Höhe der für die nächste Beitragsperiode zu erhebenden Beiträge für alle in der Versicherungsanstalt versicherten Personen selbst festzusetzen.

ist so zu bemessen, daß durch dieselben der Kapitalwerth der von der Versicherungsanstalt aufzubringenden Antheile an denjenigen Renten (vgl. S. 23 ff.) gedeckt wird, welche in den betreffenden Beitragsperioden voraussichtlich zu bewilligen sein werden.[1]) (Kapitaldeckungsverfahren). Die Beiträge müssen ferner nach den vier Lohnklassen welche nach der Höhe des Jahresarbeitsverdienstes[2]) der Versicherten wie folgt gebildet werden:

Klasse I bis zu 350 Mk. einschließlich
= II von mehr als 350 bis 550 Mk.

Die Höhe der Beiträge, sowie der Zeitpunkt von welchem ab dieselben erhoben werden sollen, ist durch diejenigen Blätter, durch welche die Bekanntmachungen der Versicherungsanstalt zu erfolgen haben, zu veröffentlichen. Die Bekanntmachung muß mindestens zwei Wochen vor demjenigen Zeitpunkte erfolgt sein, von welchem ab der Beitrag in der festgestellten Höhe erhoben werden soll.

1) Bei der Normirung der Beiträge sind auch zu berücksichtigen die in Folge von Krankheiten entstehenden Ausfälle (s. S. 20) ferner; müssen durch die Beiträge gedeckt werden die Verwaltungskosten, die Rücklagen zur Bildung eines Reservefonds (s. S. 15) und die durch Erstattung von Beiträgen (s. S. 31) voraussichtlich entstehenden Aufwendungen.

2) Als Jahresarbeitsverdienst gilt:

1. für die in der Land- und Forstwirthschaft beschäftigten Personen, soweit nicht Ziffer 4 Platz greift, der für sie von der höheren Verwaltungsbehörde unter Berücksichtigung des § 3 festzusetzende durchschnittliche Jahresarbeitsverdienst, beziehungsweise der für Betriebsbeamte nach § 3 des Gesetzes vom 5. Mai 1886 (Reichs-Gesetzbl. S. 132) zu ermittelnde Jahresarbeitsverdienst;
2. für die auf Grund des Gesetzes vom 13. Juli 1887 (Reichs-Gesetzbl. S. 329) versicherten Seeleute und anderen bei der Seeschifffahrt betheiligten Personen der Durchschnittsbetrag des Jahresarbeitsverdienstes, welcher gemäß §§ 6 und 7 a. a. O. vom Reichskanzler, bezw. von der höheren Verwaltungsbehörde festgesetzt worden ist;
3. für Mitglieder einer Knappschaftskasse der dreihundertfache Betrag des von dem Kassenvorstande festzusetzenden durchschnittlichen täglichen Arbeitsverdienstes derjenigen Klasse von Arbeitern, welcher der Versicherte angehört, jedoch nicht weniger als der dreihundertfache Betrag des ortsüblichen Tagelohnes gewöhnlicher Tagearbeiter des Beschäftigungsortes (§ 8 des Krankenversicherungsgesetzes);
4. für Mitglieder einer Orts-, Betriebs- (Fabrik-), Bau- oder Innungskasse der dreihundertfache Betrag des für ihre Krankenkassenbeiträge maßgebenden durchschnittlichen Tagelohnes (§ 20 des Krankenversicherungsgesetzes) bezw. wirklichen Arbeitsverdienstes (§ 64 Ziffer 1 a. a. O.);
5. im Uebrigen der dreihundertfache Betrag des ortsüblichen Tagelohnes gewöhnlicher Tagearbeiter des Beschäftigungsortes (§ 8 des Krankenversicherungsgesetzes).

Doch können auch Arbeitgeber und Versicherte übereinkommen, daß ein höherer Betrag des Jahresarbeitsverdienstes als der nach vorstehenden Bestimmungen sich ergebende, für die Berechnung der Lohnklasse zu Grunde gelegt wird.

Klasse III von mehr als 550 bis 850 Mk.
" IV von mehr als 850 Mk.,

in der Weise bemessen werden, daß durch die in jeder Lohnklasse aufkommenden Beiträge die Belastung gedeckt wird, welche der Versicherungsanstalt durch die auf Grund dieser Beiträge entstehenden Ansprüche voraussichtlich erwächst, so daß also gewissermaßen jede Lohnklasse eine Versicherungskasse in sich bildet.[1]) Innerhalb der Lohnklassen können die Beiträge nach Berufszweigen verschieden bemessen werden; im übrigen sind aber die Beiträge ohne Rücksicht auf das Lebensalter oder andere individuellen Verhältnissen gleich zu bemessen. Ueber Einziehung der Beiträge s. S. 32.

Gegenstand der Versicherung.

Gegenstand der Versicherung ist der Anspruch auf Gewährung einer Invaliden= bezw. Altersrente.[2]) Die Versicherungsanstalt ist ferner in bestimmten Fällen zur Uebernahme der Krankenfürsorge befugt; es findet endlich unter gewissen Voraussetzungen eine Rückerstattung von Beiträgen statt.

I. Invalidenrente erhält derjenige Versicherte, welcher dauernd erwerbsunfähig d. h. in Folge seines körperlichen oder geistigen Zustandes nicht mehr im Stande ist, ein gesetzlich näher bestimmtes Lohn=Minimum[3]) zu verdienen. Jedoch:

a. Hat sich der Versicherte die Erwerbsunfähigkeit erweislich vorsätzlich, oder bei Begehung eines durch strafgerichtliches

1) Eine aus der Selbstversicherung und der freiwilligen Versicherung, welche nur in Lohnklasse II erfolgen kann (s. S. 8 f.), voraussichtlich entstehende Mehrbelastung ist auf alle Lohnklassen zu vertheilen.

2) Mehrere Versicherungsanstalten können vereinbaren, die Kosten der Invaliditäts= und Altersversicherung ganz oder zum Theil gemeinsam zu tragen.

3) D. i. durch eine seinen Kräften und Fähigkeiten entsprechende Lohnarbeit einen Betrag, welcher gleichkommt der Summe eines Sechstels des Durchschnitts der Lohnsätze, nach welchen für ihn während der letzten fünf Beitragsjahre Beiträge entrichtet worden sind, und eines Sechstels des dreihundertfachen Betrages des nach § 8 des Krankenversicherungsgesetzes vom 15. Juni 1883 (Reichs=Gesetzbl. S. 73) festgesetzten ortsüblichen Tagelohnes gewöhnlicher Tagearbeiter des letzten Beschäftigungsortes, in welchem er nicht lediglich vorübergehend beschäftigt gewesen ist.

Als Lohnsatz gilt:

für die Lohnklasse	I	der Satz	von	300	Mk.
" " "	II	"	"	500	"
" " "	III	"	"	720	"
" " "	IV	"	"	960	"

Urtheil festgestellten Verbrechens zugezogen, so findet ein Anspruch auf Invalidenrente nicht statt.

b. Eine durch einen Unfall herbeigeführte Erwerbsunfähigkeit begründet den Anspruch auf Invalidenrente nur insoweit, als nicht nach den Bestimmungen der Reichsgesetze über die Unfallversicherung eine Rente zu leisten ist.

c. Der erworbene Anspruch auf Rente ruht in vier bestimmten Fällen.[1])

d. Der Anspruch auf Rente erlischt durch Nichtzahlung der Beiträge.[2])

e. Die Invalidenrente kann dem Empfänger entzogen werden, wenn in seinen Verhältnissen eine Veränderung eintritt, welche ihn nicht mehr als dauernd erwerbsunfähig erscheinen läßt.[3])

f. Der Versicherte verliert den Anspruch auf Invalidenrente, falls er sich der Krankenfürsorge der Versicherungsanstalt entzogen hat. (s. S. 31).

Voraussetzung für die Erlangung eines Anspruchs auf Invalidenrente ist die Zurücklegung einer Wartezeit. Die Wartezeit beträgt fünf

---

1) 1. Für diejenigen Personen, welche auf Grund der reichsgesetzlichen Bestimmungen über Unfallversicherung eine Rente beziehen, solange und soweit die Unfallrente unter Hinzurechnung der diesen Personen nach dem gegenwärtigen Gesetze zugesprochenen Rente den Betrag von 415 Mark übersteigt;

2. für die oben (Seite 7 und 8) bezeichneten Beamten und Personen des Soldatenstandes, solange und soweit die denselben gewährten Pensionen oder Wartegelder unter Hinzurechnung der ihnen nach dem gegenwärtigen Gesetze zugesprochenen Rente den Betrag von **415** Mark übersteigen;

3. solange der Berechtige eine die Dauer von einem Monat übersteigende Freiheitsstrafe verbüßt, oder solange er in einem Arbeitshause oder in einer Besserungsanstalt untergebracht ist;

4. solange der Berechtigte nicht im Inlande wohnt. Durch Beschluß des Bundesraths kann diese Bestimmung für bestimmte Grenzgebiete außer Kraft gesetzt werden.

2) Wenn während vier aufeinander folgender Kalenderjahre für weniger als insgesammt **47** Beitragswochen Beiträge auf Grund des Versicherungsverhältnisses oder freiwillig entrichtet worden sind.

Die Anwartschaft lebt wieder auf, sobald durch Wiedereintreten in eine das Versicherungsverhältniß begründende Beschäftigung oder durch freiwillige Beitragsleistung das Versicherungsverhältniß erneuert und danach eine Wartezeit von fünf Beitragsjahren zurückgelegt ist.

3) Die Entziehung der Rente erfolgt in dem für die Feststellnng der Rente vorgesetzten Verfahren (s. Seite 40) und tritt von dem Tage ab in Wirksamkeit, an welchem der die Entziehung aussprechende Bescheid zugestellt worden ist.

Beitragsjahre, d. h. für den Versicherten müssen für mindestens 5×47 Beitragswochen Beiträge (vgl. S. 20) entrichtet sein, ehe er überhaupt einen Rentenanspruch erwerben kann[1].)

Es ist jedoch zu beachten:

a. Die zum Zwecke der Fortsetzung oder Erneuerung des Versicherungsverhältnisses freiwillig geleisteten Beiträge (vgl. S. 36) kommen auf die Wartezeit nur dann zur Anrechnung, wenn für den Versicherten auf Grund der Versicherungspflicht oder der Selbstversicherung für mindestens 117 Beitragswochen Beiträge geleistet sind.[2])

b. Für Versicherte, welche während der ersten fünf Kalenderjahre nach dem Inkrafttreten des Gesetzes erwerbsunfähig werden, vermindert sich die Wartezeit um diejenige Zahl von Wochen, während deren sie nachweislich vor dem Inkraftreten des Gesetzes, jedoch innerhalb der letzten fünf Jahre vor Eintritt der Erwerbsunfähigkeit, in einem Arbeits- oder Dienstverhältniß[3]) gestanden haben, welches nach dem Gesetze die Versicherungspflicht begründen würde. Diese Verminderung der Wartezeit findet aber nur unter der Voraussetzung statt, daß für den Versicherten, während der Dauer eines Beitragsjahres auf Grund der Versicherungspflicht[4]) die gesetzlichen Beiträge entrichtet worden sind.

Die Invaliden-Renten werden für Kalenderjahre berechnet, sie bestehen:

a. aus einem festen Zuschusse des Reichs,

b. aus einem von der Versicherungsanstalt aufzubringenden Betrage.

Der Reichszuschuß beträgt für jede Rente jährlich 50 Mk. Außerdem übernimmt noch das Reich den auf die Dauer der militärischen Dienstleistungen (s. S. 21) entfallenden Antheil der Rente.

---

1) Als Beitragsjahr gelten 47 Beitragswochen. Hierbei werden die Beitragswochen, auch wenn sie in verschiedene Kalenderjahre fallen, bis zur Erfüllung des Beitragsjahres zusammengerechnet.

2) Diese Vorschrift findet jedoch auf die während der ersten vier Jahre nach dem Inkrafttreten des Gesetzes freiwillig geleisteten Beiträge keine Anwendung.

3) Eine anrechnungsfähige Krankheit oder militärische Dienstleistung (s. S. 20 f.) wird einem Arbeits- oder Dienstverhältniß gleich geachtet; dasselbe gilt von der Unterbrechung des Arbeits- oder Dienstverhältnisses (s. S. 36, Anm. 3 Abs. 2) in soweit diese Unterbrechung während eines Kalenderjahres den Zeitraum von vier Monaten nicht übersteigt.

4) Für die Selbstversicherten findet eine Verminderung der Wartezeit nicht statt.

Der von der Versicherungsanstalt aufzubringende Antheil der Rente besteht aus einem festen Grundstock von 60 Mk., welcher sich mit jeder vollendeten Beitragswoche (s. S. 20)

in der Lohnklasse (s. Seite 22)	I	um 2 Pfennig
" " "	II	" 6 "
" " "	III	" 9 "
" " "	IV	" 13 "

erhöht. Sind also z. B. in Lohnklasse II 100 Beitragswochen, und in Klasse IV 400 Wochen geleistet so beträgt, die Rente: 100×6+400×13 Pfennig = 58 Mk. Hierzu der feste Grundstock von 60 Mk. und der Reichszuschuß von 50 Mk., mithin der Gesammtbetrag der Rente: **168 Mk.** Für die als Beitragszeit geltende Dauer bescheinigter Krankheiten und militärischer Dienstleistungen (s. Seite 20 f.) wird bei Berechnung der Rente die Lohnklasse II zu Grunde gelegt.[1])

Den in land- oder forstwirthschaftlichen Betrieben beschäftigten Arbeitern wird unter bestimmten Voraussetzungen[2]) die Rente bis zu zwei Dritteln dieses Betrages in Form von Naturalleistungen gewährt. Desgleichen ist Trunkenbolden[3]) die Rente

---

1) War der Versicherte bei einer zugelassenen Kasseneinrichtung (s. S. 18) betheiligt gewesen, so wird bei Steigerung der Invalidenrente für jede Woche der Betheiligung nach dem Inkrafttreten dieses Gesetzes diejenige Lohnklasse in Rechnung gebracht, welcher derselbe nach dem von ihm wirklich bezogenen Lohne angehört haben würde, wenn er bei einer Versicherungsanstalt versichert gewesen wäre. Hat der Versicherte gleichzeitig einer Knappschaftskasse oder einer Orts-, Betriebs- (Fabriks-), Bau oder Innungskrankenkasse angehört, so bestimmt sich die in Rechnung zu bringende Lohnklasse nach Ziffer 3 bezw. 4 der oben S. 22 A. 2 angeführten Bestimmungen.

2) Durch statutarische Bestimmung einer Gemeinde für ihren Bezirk oder eines weiteren Kommunalverbandes für seinen Bezirk oder Theile desselben kann, sofern daselbst nach Herkommen der Lohn der in land- und forstwirthschaftlichen Betrieben beschäftigten Arbeiter ganz oder zum Theil in Form von Naturalleistungen gewährt wird, bestimmt werden, daß denjenigen in diesem Bezirke wohnenden Rentenempfängern, welche innerhalb desselben als Arbeiter in land- und forstwirthschaftlichen Betrieben ihren Lohn oder Gehalt ganz oder zum Theil in Form von Naturalleistungen bezogen haben, auch die Rente bis zu zwei Dritteln ihres Betrages in dieser Form gewährt wird. Der Werth der Naturalleistungen wird nach Durchschnittspreisen in Ansatz gebracht. Dieselben werden von der höheren Verwaltungsbehörde festgesetzt. Die statutarische Bestimmung bedarf der Genehmigung der höheren Verwaltungsbehörde.

3) D. h. Personen, welchen wegen gewohnheitsmäßiger Trunksucht auf Anordnung der zuständigen Behörde geistige Getränke in öffentlichen Schankstätten nicht verabfolgt werden dürfen. Die Umwandlung der Rente findet nur in denjenigen Gemeinden statt, für deren Bezirk eine solche Anordnung getroffen ist.

ihrem vollen Betrage nach in Naturalleistungen zu gewähren.[1])

Der rentenberechtigte Ausländer kann mit dem dreifachen Betrage der Jahresrente abgefunden werden, falls er seinen Wohnsitz im Deutschen Reiche aufgiebt.

Die Invalidenrente beginnt mit dem Tage, an welchem der Verlust der Erwerbsfähigkeit eingetreten ist.[2]) Die Zahlung der Renten erfolgt im Voraus in monatlichen Theilbeträgen.[3])

Die Rente kann mit rechtlicher Wirkung weder verpfändet, noch übertragen, noch für andere als die im § 749 Absatz 4 der Civilprozeßordnung bezeichneten Forderungen der Ehefrau und ehelichen Kinder und die der ersatzberechtigten Gemeinden und Armenverbände[4]) gepfändet werden.

---

1) Solchen Personen, welchen wegen gewohnheitsmäßiger Trunksucht nach Anordnnng der zuständigen Behörde geistige Getränke in öffentlichen Schankstätten nicht verabfolgt werden dürfen, ist die Rente in derjenigen Gemeinde, für deren Bezirk eine solche Anordnung getroffen ist, ihrem vollen Betrage nach in Naturalleistungen zu gewähren.

Der Anspruch auf die Rente geht zu demjenigen Betrage, in welchem Naturalleistungen gewährt werden, auf den Kommunalverband, für dessen Bezirk eine solche Bestimmung getroffen ist, über, wogegen diesem die Leistung der Naturalien obliegt.

Dem Bezugsberechtigten, auf welchen vorstehende Bestimmungen Anwendung finden sollen, ist dies von dem Kommunalverbande mitzutheilen.

Der Bezugsberechtigte ist befugt, binnen zwei Wochen nach der Zustellung dieser Mittheilung die Entscheidung der Kommunalaufsichtsbehörde anzurufen. Auf demselben Wege werden alle übrigen Streitigkeiten entschieden, welche aus der Anwendung dieser Bestimmungen zwischen dem Bezugsberechtigten und dem Kommunalverbande entstehen.

Sobald der Uebergang des Anspruchs auf Rente endgültig feststeht, hat auf Antrag des Kommunalverbandes der Vorstand der Versicherungsanstalt die Postverwaltung hiervon rechtzeitig in Kenntniß zu setzen.

2) Als dieser Zeitpunkt gilt, sofern nicht ein anderer in der Entscheidung festgestellt wird, der Tag, an welchem der Antrag auf Bewilligung der Rente bei der unteren Verwaltungsbehörde gestellt worden ist.

3) Dieselben sind auf volle Pfennig für den Monat nach oben abzurunden.

4) Die auf gesetzlicher Vorschrift beruhende Verpflichtung von Gemeinden und Armenverbänden zur Unterstützung hülfsbedürftiger Personen sowie sonstige gesetzliche, statutarische oder auf Vertrag beruhende Verpflichtungen zur Fürsorge für alte, kranke, erwerbsunfähige oder hülfsbedürftige Personen werden durch dieses Gesetz nicht berührt.

Soweit von einer Gemeinde oder einem Armenverbande an hülfsbedürftige Personen Unterstützungen für einen Zeitraum geleistet sind, für welchen diesen Personen ein Anspruch auf Invaliden- oder Altersrente zustand, geht der Anspruch auf Rente im Betrage der geleisteten Unterstützung auf die Gemeinde oder den Armenverband über. Das Gleiche gilt für Betriebsunternehmer und Kassen, welche die den Gemeinden oder Armenverbänden obliegende Verpflichtung zur Unterstützung Hülfsbedürftiger auf Grund gesetzlicher Vorschrift erfüllt haben.

Insoweit den nach Maßgabe dieses Gesetzes zum Bezuge von Invalidenrenten berechtigten Personen ein gesetzlicher Anspruch auf Ersatz des ihnen durch die Invalidität entstandenen Schadens gegen Dritte zusteht, geht derselbe auf die Versicherungsanstalt bis zum Betrage der von dieser zu gewährenden Rente über.

Ueber das Verfahren bei Feststellung der Invalidenrente s. S. 40.

II. Invalidenrente erhält auch derjenige nicht dauernd erwerbsunfähige Versicherte, welcher während eines Jahres ununterbrochen erwerbsunfähig gewesen ist, für die weitere Dauer seiner Erwerbsunfähigkeit.

III. Altersrente erhält, ohne daß es des Nachweises der Erwerbsunfähigkeit bedarf, derjenige Versicherte, welcher das 70. Lebensjahr vollendet hat.

Wie bei der Invalidenrente, ruht der Anspruch auf Altersrente in vier gesetzlich bestimmten Fällen und erlischt durch Nichtzahlung der Beiträge (s. S. 24). Die Altersrente kommt in Fortfall, sobald dem Empfänger Invalidenrente gewährt wird.

Voraussetzung zur Erlangung eines Anspruchs auf Altersrente ist die Zurücklegung einer Wartezeit von 30 Beitragsjahren d. h. es müssen für den Versicherten für 30×47 Beitragswochen, Beiträge geleistet sein, ehe er überhaupt einen Anspruch auf Altersrente erwirbt. Jedoch vermindert sich die Wartezeit für die Altersrente für solche Versicherte, welche

a. zur Zeit des Inkrafttretens des Gesetzes das 40. Lebensjahr vollendet haben und

b. den Nachweis[1]) liefern, daß sie während der, dem Inkrafttreten des Gesetzes unmittelbar vorangegangenen drei Kalenderjahre insgesammt mindestens 141 Wochen hindurch thatsächlich in einem nach dem Gesetze die Versicherungspflicht begründenden Arbeits- oder Dienstverhältnisse[2]) gestanden haben,

1) Der Nachweis ist durch Bescheinigung der für die in Betracht kommenden Beschäftigungsorte zuständigen unteren Verwaltungsbehörde, oder durch eine von einer öffentlichen Behörde beglaubigte Bescheinigung der Arbeitgeber zu führen.

2) Eine anrechnungsfähige Krankheitszeit oder militärische Dienstleistung (s. S. 20 f.) wird einem Arbeits- oder Dienstverhältnisse gleich erachtet. Dasselbe gilt von der Unterbrechung des Arbeits- oder Dienstverhältnisses (s. S. 36, Anm. 3 Abs. 2), sofern diese Unterbrechung während eines Kalenderjahres den Zeitraum von vier Monaten nicht übersteigt.

um so viel Beitragsjahre, als ihre Lebensjahre zur Zeit des Inkrafttretens des Gesetzes die Zahl 40 übersteigen.

Ist der Versicherte also z. B. zur Zeit des Inkrafttretens des Gesetzes 70 Jahre, so beginnt für ihn unter den erwähnten Voraussetzungen die Altersrente sofort.

Die Altersrenten werden für Kalenderjahre berechnet und bestehen

a. aus einem festen Zuschuß des Reichs,

b. aus einem von der Versicherungsanstalt aufzubringenden Betrage.

Der Reichszuschuß beträgt für jede Rente 50 Mk. Außerdem übernimmt das Reich den auf die Dauer militärischer Dienstleistungen (s. S. 21) entfallenden Antheil der Rente.

Der von der Versicherungsanstalt aufzubringende Theil der Altersrente beträgt für jede Beitragswoche

in	Lohnklasse	I	4	Pfennige,
„	„	II	6	„
„	„	III	8	„
„	„	IV	10	„

Es werden jedoch insgesammt nur 1410 Beitragswochen (d. i. die Wartezeit von 30 Beitragsjahren) in Anrechnung gebracht; sind für einen Versicherten Beiträge für mehr als 1410 Beitragswochen in verschiedenen Lohnklassen entrichtet, so werden für die Berechnung diejenigen 1410 Beitragswochen in Ansatz gebracht, in denen die höchsten Beiträge entrichtet worden sind.

Sind also z. B. insgesammt 1800 Beitragswochen geleistet, davon 500 in der I., 400 in der III. und 900 in der IV. Klasse, so kommen zunächst zur Anrechnung die

900 in der IV. Klasse, dann die
400 in der III. Klasse, und dann
110 in der I. Klasse

in Summa 1410, so daß also 390 Wochen in der I. Klasse als überschießend ausfallen. Der von der Versicherungsanstalt aufzubringende Theil der Rente würde in diesem Falle betragen:

$$900 \times 10 + 400 \times 8 + 226 \times 4 = 126{,}40 \text{ Mk.}$$

Hierzu der Reichszuschuß von 50 Mk., mithin der Gesammtbetrag der Rente: 176,40 Mk.

Für die als Beitragszeit geltende Dauer bescheinigter Krankheiten und militärischer Dienstleistungen (s. S. 20 f.) wird bei Berechnung der Rente die Lohnklasse II zu Grunde gelegt.[1])

Für die Berechnung der während der Uebergangszeit zur Festsetzung kommenden Altersrenten (d. h. für solche Versicherte, welche zur Zeit des Inkrafttretens des Gesetzes das 40. Lebensjahr vollendet haben u. s. w. (s. oben 28) sind bestimmte Vorschriften gegeben.[2])

Bezüglich der Umwandlung der Rente in Naturalleistungen für die im land- und forstwirthschaftlichen Betrieben beschäftigten Arbeiter und für Trunkenbolde, sowie bezüglich der Abfindung der Ausländer gelten dieselben Vorschriften, wie bei der Invalidenrente.

Die Altersrente beginnt frühestens mit dem ersten Tage des 71. Lebensjahres. Die Zahlung der Rente erfolgt im Voraus in monatlichen Theilbeträgen.[3])

Die Altersrente genießt dieselben Vorrechte (bezüglich der Verpfändbarkeit u. s. w.) wie die Invalidenrente (s. S. 26 f.).

Ueber das Verfahren bei Feststellung der Altersrente siehe S. 40.

IV. Die Versicherungsanstalt ist befugt, für einen erkrankten, der reichsgesetzlichen Krankenfürsorge nicht unterliegenden Versicherten

---

1) Ueber die Berechnung der Rente für die Zeit der Betheiligung bei einer zugelassenen Kasseneinrichtung gelten dieselben Vorschriften wie bezüglich der Invalidenrente. (s. S. 26 Anm. 1.)

2) Soweit es sich um Renten handelt, welche innerhalb der ersten zehn Jahre nach dem Inkrafttreten des Gesetzes zur Entstehung gelangen, kommen für die vor dem Inkrafttreten des Gesetzes liegende Zeit die Steigerungssätze derjenigen Lohnklasse in Anrechnung, welche dem durchschnittlichen Jahresarbeitsverdienste des Versicherten während der oben Seite 28 erwähnten einhunderteinundvierzig Wochen entsprechen, mindestens aber die der ersten Lohnklasse, für die nach dem Inkrafttreten des Gesetzes liegende Zeit dagegen die den wirklich entrichteten Beiträgen entsprechenden Steigerungssätze. Bei den nach Ablauf jener zehn Jahre zur Entstehung gelangenden Renten werden sowohl für die vor, als auch für die nach dem Inkrafttreten des Gesetzes liegende Zeit die Steigerungssätze zu Grunde gelegt, welche den nach dem Inkrafttreten des Gesetzes entrichteten Beiträgen entsprechen, und zwar, wenn die Beiträge in verschiedenen Lohnklassen entrichtet sind, nach dem Verhältniß der Zahl der in den einzelnen Lohnklassen entrichteten Beiträge.

3) Dieselben sind auf volle fünf Pfennig für den Monat nach oben abzurunden.

das Heilverfahren[1]) in dem im § 6 Absatz 1 Ziffer 1 des Krankenversicherungsgesetzes bezeichneten Umfange zu übernehmen, sofern als Folge der Krankheit Erwerbsunfähigkeit zu besorgen ist, welche einen Anspruch auf reichsgesetzliche Invalidenrente begründet.

Die Versicherungsanstalt ist ferner befugt,[2]) zu verlangen, daß die Krankenkasse, welcher der Versicherte angehört oder zuletzt angehört hat, die Fürsorge für denselben in demjenigen Umfange übernimmt, welchen die Versicherungsanstalt für geboten erachtet[1]). Die Kosten dieser von ihr beanspruchten Fürsorge hat die Versicherungsanstalt zu ersetzen. Als Ersatz dieser Kosten ist die Hälfte des nach dem Krankenversicherungsgesetze zu gewährenden Mindestbetrages des Krankengeldes zu leisten, sofern nicht höhere Aufwendungen nachgewiesen werden.[3])

V. Ein Anspruch auf Erstattung von Beiträgen steht zu:

a. Weiblichen Personen, welche eine Ehe eingehen, bevor sie in den Genuß einer Rente gelangt sind.[4]) Der Anspruch geht auf die Hälfte der für sie geleisteten Beiträge, wenn die letzteren für mindestens fünf Beitragsjahre entrichtet worden sind.[5])

b. Der hinterlassenen Wittwe oder, falls eine solche nicht vorhanden ist, den hinterlassenen ehelichen Kindern unter 15 Jahren, falls für den Verstorbenen für mindestens fünf Beitragsjahre Beiträge entrichtet worden sind und derselbe bei Lebzeiten in den Genuß einer Rente nicht gelangt

---

1) Wird in Folge der Krankheit der Versicherte erwerbsunfähig, so verliert er, falls er sich den Maßnahmen der Versicherungsanstalt entzogen hat, den Anspruch auf Invalidenrente, sofern anzunehmen ist, daß die Erwerbsunfähigkeit durch dieses Verhalten veranlaßt ist.

2) Streitigkeiten zwischen den Versicherungsanstalten und den betheiligten Krankenkassen über die Geltendmachung dieser Befugnisse werden von der Aufsichtsbehörde der letzteren endgültig entschieden.

3) Streitigkeiten zwischen den Versicherungsanstalten und den betheiligten Krankenkassen über die Ersatzansprüche werden im Verwaltungsstreitverfahren, oder, wo ein solches nicht besteht, durch die ordentlichen Gerichte entschieden.

4) Der Anspruch muß binnen 3 Monaten nach der Verheirathung geltend gemacht werden.

5) Mit der Erstattung erlischt die durch das frühere Versicherungsverhältniß begründete Anwartschaft.

war. Der Anspruch geht auf die Hälfte der für den Verstorbenen geleisteteten Beiträge.[1])

c. Den hinterlassenen vaterlosen Kindern unter 15 Jahren, falls für die verstorbene Mutter für mindestens fünf Beitragsjahre Beiträge entrichtet worden sind, und dieselbe bei Lebzeiten in den Genuß einer Rente nicht gelangt war. Der Anspruch geht auf die Hälfte der für die Verstorbene geleisteten Beiträge.[1])

Ueber das Verfahren bei Erstattung von Beiträgen s. S. 40.

Beitragserhebung.

I. Die Erhebung der Beiträge geschieht nach dem Markensystem d. h. dadurch, daß Seitens der Versicherten Marken in eine Quittungskarte eingeklebt werden.

Die Marken werden von jeder Versicherungsanstalt für die einzelnen in ihrem Bezirke vorhandenen Lohnklassen mit der Bezeichnung ihres Geldwerthes ausgegeben[2]) und können bei allen im Bezirke der Versicherungsanstalt belegenen Postanstalten und anderen von ihr einzurichtenden Verkaufsstellen gegen Erlegung des Nennwerths käuflich erworben werden.

---

1) Die Bestimmung findet keine Anwendung, sofern den Hinterbliebenen aus Anlaß des Todes des Versicherten auf Grund des Unfallversicherungsgesetzes eine Rente gewährt wird.

2) Das Reichsversicherungsamt bestimmt die Unterscheidungsmerkmale und die Gültigkeitsdauer der Marken. Innerhalb zweier Jahre nach Ablauf der Gültigkeitsdauer können ungültig gewordene Marken bei den zum Markenverkauf bestimmten Stellen gegen gültige Marken umgetauscht werden.

Mit Gefängniß nicht unter drei Monaten, neben welchem auf Verlust der bürgerlichen Ehrenrechte erkannt werden kann, wird bestraft, wer unechte Marken in der Absicht anfertigt, sie als echt zu verwenden, oder echte Marken in der Absicht verfälscht, sie zu einem höheren Werthe zu verwenden, oder wissentlich von falschen oder verfälschten Marken Gebrauch macht.

Mit Geldstrafe bis zu einhundertfünfzig Mark oder mit Haft wird bestraft, wer ohne schriftlichen Auftrag einer Versicherungsanstalt oder einer Behörde

1. Stempel, Siegel, Stiche, Platten oder andere Formen, welche zur Anfertigung von Marken dienen können, anfertigt oder an einen Anderen als die Versicherungsanstalt, bezw. die Behörde verabfolgt,
2. den Abdruck der in Ziffer 1 genannten Stempel, Siegel, Stiche, Platten oder Formen unternimmt oder Abdrücke an einen Anderen, als die Versicherungsanstalt, bezw. die Behörde verabfolgt.

Neben der Geldstrafe oder Haft kann auf Einziehung der Stempel, Siegel, Stiche, Platten oder Formen erkannt werden, ohne Unterschied, ob sie dem Verurtheilten gehören oder nicht.

Die Quittungskarte wird für den Versicherten durch die von der Landeszentralbehörde bezeichnete Stelle ausgestellt.[1]) Sie enthält das Jahr und den Tag ihrer Ausgabe, die über ihren Gebrauch erlassenen Bestimmungen und die Strafvorschrift betreffend unzulässige Eintragungen und Vermerke.[2]) Jede Quittungskarte bietet Raum zur Aufnahme von Marken für 47 Beitragswochen (d. i. ein Beitragsjahr).

Die Karten sind für jeden Versicherten mit fortlaufenden Nummern zu versehen; die erste für ihn ausgestellte Karte ist am Kopfe mit dem Namen derjenigen Versicherungsanstalt, in deren Bezirk der Versicherte zu dieser Zeit beschäftigt ist, jede folgende mit dem Namen derjenigen Versicherungsanstalt, welche sich auf der nächstvorhergehenden Karte vermerkt findet, zu bezeichnen.[3])

A. Für versicherungspflichtige Personen sind die Beiträge von demjenigen Arbeitgeber[4]) zu entrichten, welcher den Versicherten während der Kalenderwoche beschäftigt hat.[5]) Der Arbeit-

1) Die Kosten der Quittungskarte trägt, soweit sie nicht für Rechnung des Versicherten zu beschaffen ist (s. 34 Anm. 4), die Versicherungsanstalt des Ausgabebezirks.

2) Die Eintragung eines Urtheils über die Führung oder die Leistungen des Inhabers, sowie sonstige durch dieses Gesetz nicht vorgesehene Eintragungen oder Vermerke in oder an der Quittungskarte sind unzulässig. Das Zuwiderhandeln gegen diese Vorschrift ist strafbar. Quittungskarten, in welchen derartige Eintragungen oder Vermerke sich vorfinden, sind von jeder Behörde, welcher sie zugehen, einzubehalten. Die Behörde hat die Ersetzung derselben durch neue Karten, in welche der zulässige Inhalt der ersteren zu übernehmen ist, zu veranlassen.

Im Uebrigen bestimmt die Einrichtung der Quittungskarte der Bundesrath.

3) Stimmt der auf einer späteren Karte enthaltene Name mit dem auf der ersten Karte enthaltenen Namen nicht überein, so ist der auf der ersten Karte enthaltene Name maßgebend.

4) Durch Beschluß des Bundesraths oder für den Bezirk einer Versicherungsanstalt durch das Statut derselben kann für Versicherte, welche nicht in einem regelmäßigen Arbeitsverhältniß zu einem bestimmten Arbeitgeber stehen, oder für einzelne Klassen solcher Versicherter bestimmt werden, daß sie befugt sind, die Versicherungsbeiträge statt der Arbeitgeber im Voraus zu entrichten. Dem Versicherten, welcher auf Grund solcher Bestimmung die vollen Wochenbeiträge entrichtet hat, steht gegen den zur Entrichtung der Beiträge verpflichteten Arbeitgeber der Anspruch auf Erstattung der Hälfte der entrichteten Beiträge zu.

5) Findet die Beschäftigung nicht während der ganzen Kalenderwoche bei demselben Arbeitgeber statt, so ist von demjenigen Arbeitgeber, welcher den Versicherten zuerst beschäftigt, der volle Wochenbeitrag zu entrichten.

Sofern die Zahl der thatsächlich verwendeten Arbeitstage nicht festgestellt werden kann, ist der Beitrag für diejenige Arbeitszeit zu entrichten, welche zur Herstellung der Arbeit annähernd für erforderlich zu erachten ist. Im Streitfalle entscheidet auf Antrag eines Theiles die untere Verwaltungsbehörde endgültig. Die Versicherungsanstalt ist berechtigt, für die Berechnung derartiger Beiträge besondere Bestimmungen zu erlassen. Dieselben bedürfen der Genehmigung des Reichsversicherungsamts.

geber[1]) hat die Marken aus eigenen Mitteln zu erwerben und dieselben bei der Lohnzahlung in zureichender Höhe[2]), und vorschriftsmäßiger Beschaffenheit[3]) in die Quittungskarte[4]) des Versicherten einzukleben.[5]) Die Arbeitgeber sind jedoch berechtigt, bei der Lohnzahlung den von ihnen beschäftigten Personen die Hälfte der Beiträge in Abzug zu bringen.[6])

---

1) Der Arbeitgeber ist befugt die Verwendung von Marken auf bevollmächtigte Leiter seines Betriebes zu übertragen.

Name und Wohnort von solchen bevollmächtigten Betriebsleitern sind dem Vorstande der Versicherungsanstalt mitzutheilen.

2) Die Zahl der einzuklebenden Marken hängt von der Größe der Lohnzahlungsperiode ab; es sind ferner Marken derjenigen Art einzukleben, welche für die Lohnklasse, die für den Versicherten in Anwendung kommt, und falls die Beiträge für einzelne Berufszweige verschieden bemessen sind, für den betreffenden Berufszweig von der zuständigen Versicherungsanstalt ausgegeben sind.

3) Arbeitgeber oder Betriebsleiter, welche es unterlassen, für die von ihnen beschäftigten, dem Versicherungszwange unterliegenden Personen Marken in zureichender Höhe und in vorschriftsmäßiger Beschaffenheit rechtzeitig zu verwenden, können von dem Vorstande der Versicherungsanstalt mit Ordnungsstrafe bis zu dreihundert Mark belegt werden. Eine Bestrafung findet nicht statt, wenn die rechtzeitige Verwendung der Marken von einem anderen Arbeitgeber oder Betriebsleiter oder von dem Versicherten (s. S. 33 Anm. 4) bewirkt worden ist.

Arbeitgeber, welche wissentlich andere als die vorgeschriebenen Marken verwenden, sowie Angestellte und Versicherte, welche wissentlich eine solche unrichtige Verwendung bewirken, werden, sofern nicht nach anderen gesetzlichen Vorschriften eine härtere Strafe eintritt, mit Geldstrafe von zwanzig bis zu eintausend Mark oder mit Gefängniß bestraft. Sind mildernde Umstände vorhanden, so kann die Strafe bis auf drei Mark oder einen Tag Haft ermäßigt werden.

4) Ist der Versicherte mit einer Quittungskarte nicht versehen, so ist der Arbeitgeber berechtigt, für Rechnung des Versicherten eine solche anzuschaffen und den verauslagten Betrag bei der nächsten Lohnzahlung einzubehalten.

5) Das Einkleben der Marken hat auf der Quittungskarte in fortlaufender Reihe zu erfolgen. Wer wissentlich schon einmal verwendete Marken in Quittungskarten abermals verwendet, ist straffällig.

Dem Arbeitgeber sowie Dritten ist untersagt, die Quittungskarte nach Einklebung der Marken wider den Willen des Inhabers zurückzubehalten. Auf die Zurückbehaltung der Karten seitens der zuständigen Behörden und Organe zu Zwecken des Umtausches, der Kontrole, Berichtigung, Aufrechnung oder Uebertragung findet diese Bestimmung keine Anwendung.

Quittungskarten, welche im Widerspruch mit dieser Vorschrift zurückbehalten werden, sind durch die Ortspolizeibehörde dem Zuwiderhandelnden abzunehmen und dem Berechtigten auszuhändigen. Der erstere bleibt dem letzteren für alle Nachtheile, welche diesem aus der Zuwiderhandlung erwachsen, verantwortlich. Die widerrechtliche Vorenthaltung der Karte ist strafbar.

6) Die Abzüge dürfen sich höchstens auf die für die beiden letzten Lohnzahlungsperioden entrichteten Beiträge erstrecken. Die wissentliche Uebertretung dieser Vorschrift ist strafbar.

Ergeben sich bei den zwischen Arbeitgebern und Versicherten stattfindenden Abrechnungen Bruchpfennige, so ist die auf den Arbeitgeber entfallende Hälfte nach oben, die auf den Versicherten entfallende Hälfte nach unten auf volle Pfennige abzurunden.

Ist die Quittungskarte mit 47 Marken voll beklebt, so ist sie bei derjenigen Stelle, welche die Karte ausstellt (s. S. 33), zum Umtausch einzureichen. Der Umtausch muß bei Verlust der Gültigkeit der Karte erfolgt sein bis zum Schlusse des dritten Jahres[1]), welches dem am Kopfe der Karte verzeichneten Jahre folgt.[2]) Die in der zurückgegebenen Karte eingeklebten Marken sind von der betr. Stelle derart aufzurechnen, daß ersichtlich wird, wieviel Beitragswochen für die einzelnen Lohnklassen dem Inhaber der Quittungskarte anzurechnen sind. Gleichzeitig ist die Dauer der bescheinigten Krankheiten sowie der militärischen Dienstleistungen anzugeben. Ueber die aus dieser Aufrechnung sich ergebenden Endzahlen ist dem Inhaber der Karte eine Bescheinigung[3]) zu ertheilen. Die abgegebenen Quittungskarten sind an die Versicherungsanstalt des Bezirks zu übersenden und von dieser an diejenige Versicherungsanstalt, deren Namen[4]) sie tragen, zu überweisen.[5])

Der Versicherte ist berechtigt auf seine Kosten zu jeder Zeit die Ausstellung einer neuen Quittungskarte gegen Rückgabe der älteren Karte zu verlangen.

Verlorene, unbrauchbar gewordene oder zerstörte Quittungskarten sind durch neue zu ersetzen. In die neue Quittungskarte sind die bis zum Verlust der Karte entrichteten Beiträge, soweit dieselben nachweisbar geleistet worden sind, in beglaubigter Form zu übertragen.[6])

---

1) Vergl. S. 24 Ziffer d. betr. das Erlöschen der Anwartschaft durch Nichtzahlung der Beiträge.

2) Ist die Annahme begründet, daß der Versicherte ohne sein Verschulden den rechtzeitigen Umtausch versäumt hat, so kann der Vorstand der Versicherungsanstalt des Beschäftigungsortes auf den Antrag des Versicherten die fortdauernde Gültigkeit der Quittungskarte anerkennen.

3) Der Versicherte ist befugt, binnen zwei Wochen nach Aushändigung der Bescheinigung gegen den Inhalt der Bescheinigung Einspruch zu erheben. Gegen die Zurückweisung des Einspruchs findet binnen gleicher Frist Rekurs an die unmittelbar vorgesetzte Dienstbehörde statt. Die letztere entscheidet hierüber, sowie über andere das Verfahren betreffende Beschwerden endgültig.

4) Vergl. oben S. 33. Die sämmtlichen Quittungskarten eines Versicherten werden sich hiernach bei derjenigen Versicherungsanstalt sammeln, bei der die Versicherung begonnen wurde.

5) Die Voraussetzungen, unter denen die Vernichtung von Quittungskarten zu erfolgen hat, sind vom Bundesrath zu bestimmen.

6) Gegen den Inhalt der Uebertragung stehen dem Versicherten binnen zwei Wochen nach Aushändigung der neuen Quittungskarte dieselben Rechtsmittel zu, wie gegen den Inhalt der „Bescheinigung“ (s. Anm. 3).

B. Für diejenigen Personen, auf welche durch Beschluß des Bundesraths die Versicherungspflicht erstreckt ist, wird die Erhebung der Beiträge durch Beschluß des Bundesraths geregelt.

C. Personen, welche das Versicherungsverhälniß freiwillig fortsetzen bezw. erneuern (s. S. 8), haben selbst die vollen Beiträge[1]) in Marken derjenigen Versicherungsanstalt, in deren Bezirke sie sich aufhalten, zu entrichten[2]), und gleichzeitig für jede Woche freiwilliger Beitragsleistung eine Zusatzmarke beizubringen[3]).

Die Zusatzmarken werden für Rechnung des Reichs hergestellt[4]) und können bei allen Postanstalten, sowie bei denjenigen Stellen, welche von der Versicherungsanstalt zum Vertriebe ihrer Marken errichtet worden sind (s. S. 32), gegen Erlegung des Nennwerths[5]) käuflich erworben werden.

---

1) Für Lohnklasse II (s. S. 9).

2) Während eines Kalenderjahres können jedoch insgesammt mehr als 52 Beitragswochen niemals in Anrechnung gebracht werden.

Die verwendeten Marken sind zu entwerthen. Die Entwerthung erfolgt durch die von der Landes-Zentralbehörde zu bestimmenden Stellen und darf nur dann vorgenommen werden, wenn der entsprechende Betrag an Zusatzmarken beigebracht worden ist.

Wer wissentlich schon einmal verwendete Marken nach gänzlicher oder theilweiser Entfernung der darauf gesetzten Entwerthungszeichen veräußert oder feilhält, ist straffällig.

3) Selbstständige Betriebsunternehmer, welche regelmäßig nicht mehr als einen Lohnarbeiter beschäftigen, sind, nachdem für dieselben auf Grund der Versicherungspflicht während mindestens fünf Beitragsjahren Beiträge entrichtet worden sind, im Falle der Fortsetzung oder Erneuerung des Versicherungsverhältnisses von der Beibringung der Zusatzmarken befreit.

Wird ein zwischen einem Versicherten und einem bestimmten Arbeitgeber bestehendes Arbeits- oder Dienstverhältniß derart unterbrochen, daß ersterer aus der Versicherungspflicht vorübergehend ausscheidet, so kann für einen vier Monate nicht übersteigenden Zeitraum das Versicherungsverhältniß auch ohne Beibringuug von Zusatzmarken dadurch freiwillig aufrecht erhalten werden, daß der Arbeitgeber oder der Versicherte die bisherigen Beiträge fortentrichtet.

Personen, welche es unterlassen, im Falle der Selbstversicherung (s. S. 8) oder der freiwilligen Versicherung die vorgeschriebenen Zusatzmarken zu verwenden, können, sofern nicht nach anderen Gesetzen eine höhere Strafe verwirkt ist, durch die untere Verwaltungsbehörde ihres Beschäftigungsortes mit Ordnungsstrafe bis zu einhundertfünfzig Mark bestraft werden.

4) Sie müssen die Bezeichnung ihres Geldwerths enthalten und in Farbe und Bezeichnung von den Marken der Versicherungsanstalten verschieden sein. Die Unterscheidungsmerkmale derselben werden vom Reichsversicherungsamt festgesetzt.

5) Der Nennwerth der Zusatzmarken beträgt, bis zur anderweiten Festsetzung durch den Bundesrath, acht Pfennig für die Beitragswoche.

D. Sich selbst versichernde Personen (s. S. 8) haben gleichfalls neben den vollen Beiträgen an Marken derjenigen Versicherungsanstalt, zu deren Bezirk ihr Beschäftigungsort gehört, für jede Woche der Selbstversicherung eine Zusatzmarke beizubringen.[1]) (s. oben unter C.)

II. Die Einziehung der Beiträge kann auch in anderer Weise angeordnet[2]) werden, und zwar:

a. durch die Krankenkassen[3]) für diejenigen Versicherten, welche einer solchen Kasse angehören. Durch die Organe der Kasse werden dann für Rechnung der Versicherungsanstalt von den Arbeitgebern die Beiträge eingezogen[4]) und die den eingezogenen Beiträgen entsprechenden Marken[5]) in die Quittungskarten[6]) der Versicherten eingeklebt und entwerthet.

b. durch die Gemeindebehörden oder andere von der Landeszentralbehörde bezeichneten Stellen oder durch örtliche von der Versicherungsanstalt eingerichtete Hebestellen für diejenigen Versicherten, welche keiner Krankenkasse angehören. Die Einziehung erfolgt in derselben Weise wie unter a[7]).

Die Krankenkassen oder die andern mit der Einziehung der Beiträge beauftragten Stellen erhalten für die Einziehung von der Versicherungsanstalt eine von der Landeszentralbehörde zu bestimmende Vergütung.

---

1) Beitrags- und Zusatzmarken sind zu entwerthen (s. S. 36 A. 2).

2) Die Anordnung erfolgt durch die Landes-Zentralbehörde, oder mit Genehmigung derselben durch das Statut einer Versicherungsanstalt, oder mit Genehmigung der höheren Verwaltungsbehörde durch statutarische Bestimmung eines weiteren Kommunalverbandes oder einer Gemeinde. (Siehe auch die folgende Anmerkung.)

3) Die Einziehung der Beiträge durch die Krankenkassen kann für die Mitglieder einer solchen Kasse auch durch das Kassenstatut und für diejenigen Versicherten, welche einer für Reichs- oder Staatsbetriebe errichteten Krankenkasse angehören, auch durch die den Verwaltungen dieser Betriebe vorgesetzte Dienstbehörde angeordnet werden.

4) Die Arbeitgeber sind berechtigt, bei der Lohnzahlung den von ihnen beschäftigten Personen die Hälfte der in den beiden letzten Lohnzahlungsperioden fällig gewordenen Beiträge in Abzug zu bringen (s. S. 34).

5) Die erforderlichen Marken sind den Krankenkassen von der Versicherungsanstalt gegen Abrechnung zur Verfügung zu stellen.

6) Die Quittungskarte kann der Versicherte bei der die Beiträge einziehenden Stelle, so lange er in dem Bezirke dieser Stelle versichert ist, hinterlegen.

7) Im Falle b) können Bestimmungen über die Verpflichtung zur Anmeldung und Abmeldung der Versicherten getroffen und Zuwiderhandlungen mit Geldstrafe bis zu 100 Mk. bedroht werden.

Ist die Einziehung der Beiträge durch die Krankenkassen u. s. w. angeordnet, so können auf demselben Wege, auf welchem die betreffende Anordnung erlassen ist, gewisse Bestimmungen betr. die Ausstellung und den Umtausch der Quittungskarten[1]) und die Einziehung der Beiträge von vorübergehend beschäftigten Personen[2]), getroffen werden.

III. Durch den Bundesrath können über die Einziehung der von Rhedern für Seeleute zu entrichtenden Beiträge von den Vorschriften dieses Gesetzes abweichende Bestimmungen getroffen werden.

IV. Beitragsstreitigkeiten[3]) werden von der für den Beschäftigungsort zuständigen unteren Verwaltungsbehörde entschieden.[4])

---

1) Es kann bestimmt werden, daß die Ausstellung, und der Umtausch der Quittungskarten (s. Seite 33 und 35) durch die mit der Einziehung der Beiträge beauftragte Stelle und nicht durch die sonst zuständige, von der Landeszentralbehörde bezeichnete Stelle, zu erfolgen hat.

2) Es kann bestimmt werden, daß für diejenigen Versicherten, deren Beschäftigung durch ihren Zweck oder im Voraus durch den Arbeitsvertrag auf einem Zeitraum von weniger als einer Woche beschränkt ist, die auf die Versicherten entfallende Hälfte der Beiträge unmittelbar von den Versicherten, die auf die Arbeitgeber entfallende Hälfte aber von dem weiteren Kommunalverbande bezw. der Gemeinde entrichtet und durch sie von den Arbeitgebern wieder eingezogen wird.

3) D. s. Streitigkeiten zwischen den Organen der Versicherungsanstalten einerseits und Arbeitgebern oder Arbeitnehmern oder den selbstversicherten Personen andererseits, oder zwischen Arbeitgebern und Arbeitnehmern über die Frage, ob oder zu welcher Versicherungsanstalt, in welcher Lohnklasse, oder, sofern die Beiträge für einzelne Berufszweige verschieden bemessen sind, für welchen Berufszweig Beiträge zu entrichten sind.

Ebenso Streitigkeiten zwischen den Organen verschiedener Versicherungsanstalten über die Frage, zu welcher dieselben für bestimmte Personen Beiträge zu entrichten sind.

Streitigkeiten zwischen Arbeitgebern und den von ihnen beschäftigten Personen über die Berechnung und Anrechnung der für diese zu entrichtenden oder denselben zu erstattenden (s. S. 33 Anm. 4) Beiträge werden von derselben Behörde und zwar endgültig entschieden.

4) Gegen die Entscheidung steht den Betheiligten binnen vier Wochen nach der Zustellung die Beschwerde an die höhere Verwaltungsbehörde zu, welche endgültig entscheidet.

Nach endgültiger Erledigung dieser Streitigkeiten hat die untere Verwaltungsbehörde von Amtswegen dafür zu sorgen, daß zu wenig erhobene Beträge durch nachträgliche Verwendung von Marken beigebracht werden. Zu viel erhobene Beträge sind auf Antrag von der Versicherungsanstalt wieder einzuziehen und nach Vernichtung der in die Quittungskarten eingeklebten betreffenden Marken und Berichtigung der Aufrechnungen an die betheiligten Arbeitgeber und Versicherten zurückzuzahlen.

V. Die Versicherungsanstalten sind befugt[1]) zum Zwecke der Kontrole) Vorschriften zu erlassen und die Arbeitgeber zur rechtzeitigen Erfüllung dieser Vorschriften durch Geldstrafen bis zum Betrage von je 100 Mk. anzuhalten.

Die Arbeitgeber sind verpflichtet, über die Zahl der von ihnen beschäftigten Personen und über die Dauer der Beschäftigung den Organen der Versicherungsanstalt, sowie den mit der Kontrole beauftragten Behörden oder Beamten auf Verlangen Auskunft zu ertheilen und denselben diejenigen Geschäftsbücher oder Listen, aus welchen jene Thatsachen hervorgehen, zur Einsicht während der Betriebszeit an Ort und Stelle vorzulegen.[3]) Ebenso sind die Versicherten zur Ertheilung von Auskunft über Ort und Dauer ihrer Beschäftigung verpflichtet. Die Arbeitgeber und die Versicherten sind ferner ver-

---

Handelt es sich um die Verwendung von Marken einer nicht zuständigen Versicherungsanstalt, so ist nach Vernichtung derjenigen Marken, welche irrthümlich beigebracht sind, ein der Zahl der Beitragswochen entsprechender Betrag von Marken der zuständigen Versicherungsanstalt beizubringen. Der Betrag der vernichteten Marken ist von der Versicherungsanstalt, welche sie ausgestellt hatte, wieder einzuziehen und zwischen den betheiligten Arbeitgebern und Versicherten entsprechend zu theilen.

An die Stelle der Vernichtung von Marken kann in den nach Ansicht der unteren Verwaltungsbehörde dazu geeigneten Fällen die Einziehung der Quittungskarten und nach Uebertragung der gültigen Eintragungen derselben die Ausstellung neuer Quittungskarten treten.

1) Das Reichsversicherungsamt kann den Erlaß derartige Vorschriften anordnen und dieselben, sofern solche Anordnung nicht befolgt wird, selbst erlassen.

2) Die durch die Kontrole den Versicherungsanstalten erwachsenden Kosten gehören zu den Verwaltungskosten. Soweit dieselben in baaren Auslagen bestehen, können sie durch den Vorstand der Versicherungsanstalt dem Arbeitgeber auferlegt werden, wenn derselbe durch Nichterfüllung der ihm obliegenden Verpflichtungen zu ihrer Aufwendung Anlaß gegeben hat. Gegen die Auferlegung der Kosten findet binnen zwei Wochen nach Zustellung des Beschlusses die Beschwerde an die untere Verwaltungsbehörde statt. Diese entscheidet endgültig. Die Beitreibung der auferlegten Kosten erfolgt in derselben Weise, wie die der Gemeindeabgaben.

3) Arbeitgeber, welche in die von ihnen auf Grund gesetzlicher oder von der Versicherungsanstalt erlassener Bestimmung aufzustellenden Nachweisungen oder Anzeigen Eintragungen aufnehmen, deren Unrichtigkeit ihnen bekannt war oder bei gehöriger Aufmerksamkeit nicht entgehen konnte, können von dem Vorstande der Versicherungsanstalt mit Ordnungsstrafe bis zu fünfhundert Mark belegt werden. Diese Vorschrift findet auch auf Betriebsleiter Anwendung, welchen der Arbeitgeber die Aufstellung der Nachweisungen und Anzeigen übertragen hat.

Die unbefugte Offenbarung von Betriebsgeheimnissen, welche Kraft ihres Amtes zu ihrer Kenntniß gelangt sind, seitens der Mitglieder der Organe der Versicherungsanstalt, und der das Aufsichtsrecht über dieselben ausübenden Beamten, sowie die Nachahmung geheim gehaltener Betriebseinrichtungen, solange als diese Betriebsgeheimniß sind, ist strafbar.

bunden, den bezeichneten Organen, Behörden und Beamten auf Erfordern die Quittungskarten behufs Ausübung der Kontrole und Herbeiführung der etwa erforderlichen Berichtigungen[1]) gegen Bescheinigung auszuhändigen.[2])

VI. Rückstände werden in derselben Weise beigetrieben wie Gemeindeabgaben. Rückstände haben das Vorzugsrecht des § 54 Nr. 1 der Konkursordnung vom 10. Februar 1877 (Reichs-Gesetzbl. S. 351) und verjähren binnen vier Jahren nach der Fälligkeit.

Verfahren.

I. Der Anspruch auf Bewilligung einer Invaliden- oder Altersrente ist bei der für den Wohnort des Versicherten zuständigen unteren Verwaltungsbehörde[3]) anzumelden.[4])

Die untere Verwaltungsbehörde hat, sofern es sich um Bewilligung einer Invalidenrente handelt, die für den Wohnort des Antragstellers zuständigen Vertrauensmänner zu hören und der Krankenkasse, welcher der Versicherte angehört, Gelegenheit zu geben, sich binnen einer angemessenen Frist über den Antrag zu äußern; alsdann sendet sie den Antrag nebst den beigebrachten Urkunden und den entstandenen Verhandlungen[5]) mit ihrer eigenen

---

1) Berichtigungen der Quittungskarten erfolgen, sofern die Betheiligten über dieselben einverstanden sind auf dem 38 Anm. 4 bezeichneten Wege durch die die Kontrole ausübenden Organe, Behörden oder Beamten, oder durch die die Beiträge einziehenden Organe, andernfalls nach Erledigung des Streitverfahrens. (s. oben unter III.)

2) Die Verpflichteten können hierzu von der unteren Verwaltungsbehörde durch Geldstrafen bis zum Betrage von 300 Mark angehalten werden.

3) Die Zentralbehörden der Bundesstaaten bestimmen, von welchen Staats- oder Gemeindebehörden bezw. Vertretungen die in diesem Gesetze den Staats- und Gemeindeorganen sowie den Vertretungen der weiteren Kommunalverbände zugewiesenen Verrichtungen wahrzunehmen sind.

Die von den Zentralbehörden der Bundesstaaten in Gemäßheit vorstehender Vorschrift erlassenen Bestimmungen sind durch den Reichsanzeiger bekannt zu machen.

An die Stelle der unteren Verwaltungsbehörde tritt bei Seeleuten das Seemannsamt, und zwar im Inlande das Seemannsamt des Heimathshafens, im Auslande dasjenige Seemannsamt, welches zuerst angegangen werden kann.

4) Der Anmeldung sind die Quittungskarte sowie die sonstigen zur Begründung des Anspruchs dienenden Beweisstücke beizufügen.

5) Alle zur Begründung und Abwickelung der Rechtsverhältnisse zwischen den Versicherungsanstalten einerseits und den Arbeitgebern oder Versicherten andererseits erforderlichen schiedsgerichtlichen und außergerichtlichen Verhandlungen und Urkunden sind gebühren- und stempelfrei. Dasselbe gilt für privatschriftliche Vollmachten und amtliche Bescheinigungen, welche auf Grund dieses Gesetzes zur Legitimation oder zur Führung von Nachweisen erforderlich werden.

gutachtlichen Aeußerung an den Vorstand derjenigen Versicherungsanstalt, an welche ausweislich der Quittungskarte zuletzt Beiträge entrichtet worden sind.[1])

Der Vorstand der Versicherungsanstalt entscheidet über den Antrag in erster Instanz.[2]) Wird der angemeldete Anspruch anerkannt,[3]) so ist die Höhe der Rente sofort festzustellen (siehe S. 25 und 29) und dem Empfangsberechtigten ein schriftlicher Bescheid[4]) zu ertheilen, sowie ein Berechtigungsausweis[5]) auszufertigen.

Wird der angemeldete Anspruch nicht anerkannt, so ist derselbe durch schriftlichen mit Gründen versehenen Bescheid abzulehnen.[6])

---

1) d. h. an diejenige Versicherungsanstalt, auf welche die letzte Marke lautet.

2) Sofern der Antrag nicht ohne Weiteres abzuweisen ist, hat der Vorstand zunächst die früheren Quittungskarten einzufordern. (s. S. 35) Erscheinen die beigebrachten Beweisstücke zur Abgabe einer Entscheidung nicht ausreichend, so sind weitere Erhebungen zu veranlassen, deren Kosten der Versicherungsanstalt zur Last fallen.

3) Die Annahme, daß die Erwerbsunfähigkeit durch einen nach den Unfallversicherungsgesetzen zu entschädigenden Unfall verursacht ist, begründet nicht die Ablehnung des Anspruchs auf Invalidenrente. Es ist vielmehr, sofern im Uebrigen der Anspruch gerechtfertigt erscheint, die Invalidenrente festzustellen.

Die Versicherungsanstalten sind berechtigt, die verpflichtete Berufsgenossenschaft wegen Ersatzes der dem Invaliden gezahlten Rente in Anspruch zu nehmen.

Wird die Verpflichtung zur Gewährung einer Unfallentschädigung bestritten, so ist darüber in dem durch §§ 62 und 63 des Unfallversicherungsgesetzes vom 6. Juli 1884 vorgeschriebenen Verfahren zu entscheiden. Im Uebrigen werden Streitigkeiten über den Ersatzanspruch von dem ordentlichen Richter entschieden.

4) Aus dem Bescheide muß die Art der Berechnung der Rente zu ersehen sein. Abschrift des Bescheides ist dem Staatskommissar zuzustellen (s. S. 17).

5) D. h. eine Bescheiniguug über die dem Berechtigten zustehenden Bezüge unter Angabe der mit der Zahlung beauftragten Postanstalt (s. S. 44) und der Zahlungstermine.

Gleichzeitig ist der unteren Verwaltungsbehörde, in deren Bezirk der Berechtigte wohnt, über die dem letzteren zustehenden Bezüge Mittheilung zu machen.

Wird in Folge des weiteren Verfahrens der Betrag der Rente geändert, so ist dem Entschädigungsberechtigten ein anderer Berechtigungsausweis zu ertheilen und der unteren Verwaltungsbehörde seines Wohnortes von der Aenderung Kenntniß zu geben.

6) Bescheide, durch welche der Anspruch auf Rente abgelehnt wird, sind, sobald dieselben die Rechtskraft beschritten haben, von dem Vorstande der Versicherungsanstalt der unteren Verwaltungsbehörde, in deren Bezirk der Antragsteller wohnt, abschriftlich mitzutheilen.

Die Wiederholung eines endgültig abgelehnten Antrags auf Bewilligung einer Invalidenrente ist vor Ablauf eines Jahres seit der Zustellung der endgültigen Entscheidung nur dann zulässig, wenn glaubhaft bescheinigt wird, daß inzwischen Umstände eingetreten sind, aus denen sich das Vorhandensein der dauernden Erwerbsunfähigkeit des Antragstellers ergiebt. Sofern eine solche Bescheinigung nicht beigebracht wird, hat die untere Verwaltungsbehörde den vorzeitig wiederholten Antrag endgültig zurückzuweisen.

Gegen den Bescheid des Vorstandes findet binnen vier Wochen[1]) nach Zustellung[2]) desselben die Berufung[3]) an das Schiedsgericht (s. S. 17) statt.[4]) Die Berufung ist bei dem Vorsitzenden des Schiedsgerichts einzulegen und hat keine aufschiebende Wirkung.

Gegen die Entscheidung des Schiedsgerichts[5]) steht beiden Theilen[6]) das Rechtsmittel der Revision zu, welches bei dem Reichsversicherungsamt binnen vier Wochen nach Zustellung der Entscheidung des Schiedsgerichts einzulegen ist.

Die Revision hat keine aufschiebende Wirkung, sie kann nur darauf gestützt werden:

1. daß die angefochtene Entscheidung auf der Nichtanwendung oder auf der unrichtigen Anwendung des bestehenden Rechts oder auf einem Verstoß wider den klaren Inhalt der Akten beruhe;
2. daß das Verfahren an wesentlichen Mängeln leide.[7])

---

1) Für Seeleute, welche sich außerhalb Europas aufhalten, beträgt die Frist zur Einbringung von Rechtsmitteln drei Monate. Die Frist kann von denjenigen Behörden, gegen deren Bescheid das Rechtsmittel stattfindet, weiter erstreckt werden.

2) Zustellungen, welche den Lauf von Fristen bedingen, können durch die Post mittelst eingeschriebenen Briefes erfolgen.

Personen, welche nicht im Inlande wohnen, können von der zustellenden Behörde aufgefordert werden, einen Zustellungsbevollmächtigten zu bestellen. Wird ein solcher innerhalb der gesetzten Frist nicht bestellt oder ist der Aufenthalt jener Personen unbekannt, so kann die Zustellung durch öffentlichen Aushang während einer Woche in den Geschäftsräumen der zustellenden Behörde oder der Organe der Versicherungsanstalten ersetzt werden.

3) Die Berufung kann auch vom Staatskommissar eingelegt werden (s. S. 17).

4) Der Bescheid muß die Bezeichnung der Berufungsfrist und des für die Berufung zuständigen Schiedsgerichts, sowie Namen und Wohnort des Vorsitzenden des letzteren enthalten.

5) Eine Ausfertigung der Entscheidung des Schiedsgerichts ist dem Berufenden und dem Vorstande der Versicherungsanstalt, eine Abschrift dem Staatskommissar zuzustellen.

Ist von dem Schiedsgericht der Anspruch auf Rente im Widerspruch mit dem Vorstande der Versicherungsanstalt anerkannt und nicht gleichzeitig über die Höhe der Rente entschieden, so hat der Vorstand der Versicherungsanstalt unverzüglich die Höhe der Rente festzustellen und auch in denjenigen Fällen, in welchen das Rechtsmittel der Revision eingelegt wird, sofort wenigstens vorläufig die Rente zuzubilligen. Gegen die vorläufige Zubilligung einer Rente findet ein Rechtsmittel nicht statt.

6) Auch dem Staatskommissar (s. S. 17).

7) Bei Einlegung der Revision ist anzugeben, worin die Nichtanwendung oder die unrichtige Anwendung des bestehenden Rechts oder der Verstoß wider den klaren Inhalt der Akten oder worin die behaupteten Mängel des Verfahrens

Wird das angefochtene Urtheil aufgehoben, so kann das Reichsversicherungsamt zugleich in der Sache selbst entscheiden oder dieselbe an das Schiedsgericht oder an den Vorstand der Versicherungsanstalt zurückverweisen.[1])

Auf die Anfechtung der rechtskräftigen Entscheidung über einen Anspruch auf Rente finden die Vorschriften der Civilprozeßordnung über die Wiederaufnahme des Verfahrens entsprechende Anwendung, soweit nicht durch Kaiserliche Verordnung mit Zustimmung des Bundesraths ein Anderes bestimmt wird.

II. Die Entziehung der Rente (s. S. 24 Ziffer e) findet in demselben Verfahren, wie unter I statt.

III. Die festgestellten Renten sind auf das Reich und diejenigen Versicherungsanstalten bezw. Kasseneinrichtungen zu vertheilen, zu welchen für den Versicherten Beiträge geleistet sind. Die Vertheilung erfolgt durch das Rechnungsbureau des Reichsversicherungsamts.[2]) Das Reich ist betheiligt mit dem Reichszuschusse (s. S. 25) und dem auf die Dauer der militärischen Dienstleistungen entfallenden Antheil der Rente (s. S. 25); im Uebrigen erfolgt die Vertheilung in dem Verhältnisse der Beiträge, welche den einzelnen Versicherungsanstalten bezw. Kasseneinrichtungen[3]) zugeflossen sind.

---

gefunden werden. Das Reichs-Versicherungsamt ist bei seiner Entscheidung an diejenigen Gründe nicht gebunden, welche zur Rechtfertigung der gestellten Anträge geltend gemacht worden sind.

Fehlt die Angabe solcher Gründe oder ergiebt sich aus der Prüfung der Anträge, daß die angegriffene Entscheidung nicht auf der Nichtanwendung oder unrichtigen Anwendung des bestehenden Rechts beruht, sowie daß das Verfahren nicht an wesentlichen Mängeln leidet, und daß ein Verstoß wider den klaren Inhalt der Akten nicht vorliegt, oder ist die Revision verspätet eingelegt, so kann das Reichs-Versicherungsamt das Rechtsmittel ohne mündliche Verhandlung zurückweisen. Anderenfalls hat das Reichs-Versicherungsamt nach mündlicher Verhandlung zu entscheiden.

1) Im Falle der Zurückverweisung ist die rechtliche Beurtheilung, auf welche das Reichs-Versicherungsamt die Aufhebung gestützt hat, der Entscheidung zu Grunde zu legen.

2) Zu dem Zwecke ist, sobald die Höhe der Rente endgültig feststeht, von dem Vorstande der Versicherungsanstalt eine mit der Bescheinigung der Rechtskraft zu versehende Ausfertigung des Bescheides unter Anschluß der Quittungskarten dem Rechnungsbüreau des Reichs-Versicherungsamts einzusenden.

Das Rechnungsbüreau hat alle bei dem Reichs-Versicherungsamt nach Maßgabe des Gesetzes vorkommenden rechnerischen Arbeiten auszuführen; insbesondere liegt ihm auch ob die Mitwirkung bei den im Vollzuge des Gesetzes herzustellenden statistischen Arbeiten.

3) Den Kasseneinrichtungen sind bei der Vertheilung der Renten, welche von Versicherungsanstalten festgestellt sind, die Beiträge derjenigen Lohnklasse

Die Vertheilung ist den Vorständen der betheiligten Versicherungsanstalten bezw. Kasseneinrichtungen unter Angabe der der Vertheilung zu Grunde gelegten Zahlen mitzutheilen.[1])

Für die Vertheilung der während der ersten fünfzehn Jahre nach dem Inkrafttreten des Gesetzes bewilligten Invaliden- und Altersrenten gelten besondere Vorschriften.[2])

Die Auszahlung der Rente erfolgt vorschußweise durch die

---

in Anrechnung zu bringen, welche bei Bemessung der Rente für die Dauer der Versicherung des Rentenempfängers bei einer Kasseneinrichtung in Anrechnung gebracht ist (s. S. 26 Anm. 1).

Die Vertheilung von Renten, welche von einer Kasseneinrichtung festgestellt sind, erfolgt, soweit ein Anspruch auf dieselben auch nach den Vorschriften dieses Gesetzes bestehen würde und soweit dieselben das Maß des reichsgesetzlichen Anspruchs nicht übersteigen, nach dem Verhältniß der den Versicherungsanstalten und der den Kasseneinrichtungen zugeflossenen Beiträge, letzterer, soweit sie für die Gewährung von Renten in der durch dieses Gesetz festgesetzten Höhe für erforderlich zu erachten sind.

1) Jeder betheiligte Vorstand ist befugt binnen vierzehn Tagen nach der Zustellung gegen die Vertheilung Einspruch zu erheben. Erfolgt binnen dieser Frist kein Einspruch, so gilt die Vertheilung als endgültig; wird rechtzeitig Einspruch erhoben, so entscheidet über denselben nach Anhörung der Vorstände der anderen betheiligten Versicherungsanstalten das Reichs-Versicherungsamt. Von der Entscheidung werden die Vorstände in Kenntniß gesetzt.

Sobald die auf die betheiligten Versicherungsanstalten entfallenden Antheile endgültig feststehen, hat das Rechnungsbüreau eine Ausfertigung der Vertheilung dem Vorstande der für die Festsetzung der Rente zuständigen Versicherungsanstalt zu übersenden.

2) Es sind hier nämlich auch die Versicherungsanstalten, in deren Bezirken der Versicherte während der dem Inkrafttreten dieses Gesetzes unmittelbar vorangegangenen fünfzehn Jahre nachweislich in einem die Versicherungspflicht nach diesem Gesetze begründenden Arbeits- oder Dienstverhältniß gestanden hat, so zu belasten, als ob während dieser Zeit fortlaufend Beiträge in der Lohnklasse I. entrichtet worden wären.

Jede Versicherungsanstalt, welcher ein Theil solcher Renten auferlegt werden soll, ist berechtigt, nach Empfang der Mittheilung (s. oben) binnen der daselbst vorgeschriebenen Frist von zwei Wochen sich die Führung des Nachweises vorzubehalten, daß ein nach Absatz 1 zu berücksichtigendes Arbeits- oder Dienstverhältniß auch im Bereiche einer anderen Versicherungsanstalt bestanden habe. Dieser Nachweis muß bei Vermeidung des Ausschlusses binnen drei Monaten nach Ablauf dieser Frist erbracht werden.

Vor der Vertheilung sind die nach Maßgabe der früher bestandenen Arbeits- oder Dienstverhältnisse zu belastenden Versicherungsanstalten zu hören. Erheben die letzteren Widerspruch, so hat das Reichs-Versicherungsamt über die Berücksichtigung zu beschließen.

Die Nachweise sind durch Bescheinigung der für die in Betracht kommenden Beschäftigungsorte zuständigen unteren Verwaltungsbehörden oder durch eine von einer öffentlichen Behörde beglaubigte Bescheinigung der Arbeitgeber zu führen.

Postverwaltungen[1]) auf Anweisung des Vorstandes der für die Festsetzung der Rente zuständigen Versicherungsanstalt. Ueber die geleisteten Zahlungen haben die Zentralpostbehörden dem Rechnungsbüreau Nachweisungen zuzustellen und das letztere vertheilt die vorgeschossenen Beträge auf die betheiligten Versicherungsanstalten und Kasseneinrichtungen nach dem von ihm für die Vertheilung der Rente aufgestellten Maßstabe (s. S. 43[2]).

Die Erstattung der vorgeschossenen Beträge hat von den Versicherungsanstalten binnen zwei Wochen nach Empfang der Schlußnachweisung für das abgelaufene Rechnungsjahr aus den bereiten Mitteln[3]) der Anstalt zu erfolgen[4]).

Gegen Versicherungsanstalten, welche mit der Erstattung der Beträge im Rückstande bleiben, ist auf Antrag der Zentral-Postbehörde von dem Reichsversicherungsamt das Zwangsbeitreibungsverfahren einzuleiten.

IV. Der Anspruch auf Erstattung von Beiträgen (siehe S. 31) ist unter Beibringung der zur Begründung desselben dienenden Beweisstücke bei dem Vorstande derjenigen Ver-

---

1) In der Regel diejenige Postanstalt, in deren Bezirke der Empfangsberechtigte zur Zeit des Antrags auf Bewilligung der Rente seinen Wohnsitz hatte. Die Postanstalt ist berechtigt, an den Inhaber des Berechtigungsausweises (s. S. 41) Zahlung zu leisten.

Verlegt der Empfangsberechtigte seinen Wohnsitz, so hat auf seinen Antrag der Vorstand der Versicherungsanstalt, welcher die Rente angewiesen hatte, die letztere an die Postanstalt des neuen Wohnortes zur Auszahlung zu überweisen.

2) Das Rechnungsbüreau hat den betheiligten Versicherungsanstalten bzw. Kasseneinrichtungen Nachweisungen über die ihnen zur Last fallenden Einzelbeträge zu übersenden, ebenso dem Reichskanzler (Reichsamt des Innern) eine Nachweisung über die dem Reich zur Last fallenden Beträge. Andererseits hat das Rechnungsbüreau den Zentralpostbehörden nach Ablauf eines jeden Rechnungsjahres mitzutheilen, welche Beträge von dem Reich an die einzelnen Versicherungsanstalten zu erstatten sind.

3) Sind solche nicht vorhanden und bietet auch der Reservefonds solche nicht dar, so hat der weitere Kommunalverband beziehungsweise der Bundesstaat die erforderlichen Beträge vorzuschießen. Bei gemeinsamen Versicherungsanstalten erfolgt die Aufbringung dieses Vorschusses nach demselben Verhältniß, wie bei der Haftung (s. S. 15).

4) Soweit die Kasseneinrichtungen die von ihnen festgesetzten Renten ohne Vermittelung der Postanstalten selbst auszahlen, wird ihnen der Reichszuschuß am Schlusse eines jeden Rechnungsjahres auf jedesmalige Liquidation direkt überwiesen. Die Versicherungsanstalten, auf welche Theile der von solchen Kasseneinrichtungen gezahlten Renten entfallen, haben diese Antheile nach deren Feststellung durch das Rechnungsbüreau den Vorständen der betheiligten Kasseneinrichtungen jährlich zu erstatten.

sicherungsanstalt, an welche zuletzt Beiträge entrichtet worden sind geltend zu machen. Das Verfahren ist dasselbe wie unter I bezüglich der Rentenfeststellung.

Nur findet eine Mitwirkung des Staatskommissars nicht statt und die Berufung sowie die Revision haben keine aufschiebende Wirkung.

FSC
www.fsc.org
MIX
Papier | Fördert gute Waldnutzung
FSC® C083411

Kolibri 360 GmbH
Ferdinand-Jühlke-Straße 7
99095 Erfurt, Deutschland
produktsicherheit@kolibri360.de